Cantinetta Antinori · Zu Tisch in der Toskana

Allegra Antinori

Cantinetta Antinori

Zu Tisch in der Toskana

Authentische Rezepte
und Weinempfehlungen

Fotografiert von Herbert Lehmann

Einleitung von Carmen Wieser

CHRISTIAN BRANDSTÄTTER VERLAG

Besonderen Dank an Caterina Aiuto, Nicola Damiani, Luca Chiesa,
Veronica Mazzoni, Paola Bettaccini, Alessia Lana.

Bildrechte:
Herbert Lehmann
Marchesi Antinori Archiv, Florenz
Alinari Archiv, Florenz

Bibliografische Information der Deutschen Nationalbibliothek
Die Deutsche Nationalbibliothek verzeichnet diese Publikation in der
Deutschen Nationalbibliografie; detaillierte bibliografische Daten sind
im Internet über http://dnb.d-nb.de abrufbar.

1. Auflage 2010

Fotografien: Herbert Lehmann
Grafische Gestaltung: fuhrer visuelle gestaltung, Stefan Fuhrer
Übersetzung: Salka Klos
Lektorat: Inge Fasan
Druck und Bindung: Grasl Druck & Neue Medien, Bad Vöslau

ISBN 978-3-85033-451-8

Christian Brandstätter Verlag
GmbH & Co KG
A-1080 Wien, Wickenburggasse 26
Telefon (+43-1) 512 15 43-0
Telefax (+43-1) 512 15 43-231
E-Mail: info@cbv.at
www.cbv.at

Inhalt

Vorwort

Die erste Cantinetta wurde 1957 im Palazzo Antinori in Florenz eröffnet, im Geiste einer alten Tradition florentinischer Adelsfamilien, Produkte ihrer Landgüter in den Stadtpalästen zum Verkauf anzubieten. Mit der Zeit wurde daraus ein kleines Restaurant. Der Grundgedanke, toskanische Ursprünglichkeit, Tradition und Raffinesse zu vermitteln, blieb jedoch gewahrt.

Aufgrund des großen Erfolges der Cantinetta in Florenz wurden weitere Lokale in bedeutenden europäischen Städten eröffnet: in Zürich, in Wien und vor einigen Jahren auch in Moskau.

Die meisten Rezepte in diesem Buch stammen aus der Cantinetta selbst – insgesamt bietet es in jedem Fall einen mehr als repräsentativen Querschnitt der toskanischen Küche, die einfache, leichte und schmackhafte Gerichte aus frischen Zutaten bevorzugt. Das Kochen nach Jahreszeiten folgt ebenfalls der Tradition: In der Toskana essen wir am liebsten das, was die Erde gerade hergibt, denn so sind die Produkte allesamt frischer, reifer und wesentlich schmackhafter. Abgesehen davon sind wir der Ansicht, dass man guten Wein am besten zu schätzen lernt, wenn man ihn zu gutem Essen genießt, weshalb wir nahezu jedem Rezept die passende Weinempfehlung beigestellt haben.

Ich wünsche Ihnen viele frohe, gesellige Stunden mit den Rezepten und Weinen der Cantinetta Antinori!

Allegra Antinori

Cantinetta Antinori – Zu Tisch in der Toskana

TEXT VON CARMEN WIESER

Toskanische Lebensfreude

Kaum jemand, der eine Zeit lang in der Toskana verbracht hat, gerät nicht ins Schwärmen: im Sommer das Korn, das so gelb leuchtet wie Gold, die Zypressen, die der Landschaft ihre typische Charakteristik verleihen, oder die ausgereiften Reben, die im Herbst mit Hilfe des launigen Spiels von Farben und Licht einem Naturwunder gleichen. Die Toskana berührt den Betrachter und sie beflügelt den Genießer mit ihrer herrlichen Küche, dem köstlichen Wein und der stimmungsvollen Atmosphäre. Denn: Zu Tisch zu sein in der Toskana, gleicht einem Fest! Traditionell besteht eine Mahlzeit aus mehreren Gängen, die zelebriert werden: Antipasti (Vorspeisen), Primi (erster Hauptgang), Secondi (zweiter Hauptgang), Contorni (Beilagen) und Dolci (Desserts). Ein gesunder Appetit und viel Zeit sind somit unverzichtbare Voraussetzungen, um in den kulinarischen Besonderheiten der Toskana zu schwelgen.

An der Seitenwand des Palazzo Antinori befindet sich noch immer eine porticciola, *ein kleines Fenster, das auf die ursprüngliche Idee der Cantinetta Antinori verweist.*

Cantinetta Antinori

Zu einem guten Essen gehört guter Wein und zu gutem Wein gehört gutes Essen. Egal wie man es betrachtet – Essen und Wein bilden in der Toskana eine untrennbare Einheit. Und genau in dieser Tradition steht die berühmte Cantinetta Antinori. Am Stammsitz der Familie Antinori, in einem malerischen Renaissance-Palazzo im Herzen von Florenz, können Einheimische und Gäste aus aller Welt den authentischen Geschmack der Region erleben.

Die Idee der Cantinetta ist auf einen alten Brauch zurückzuführen: Durch kleine Fenster (*porticciole*) ihrer Weinkeller hindurch verkauften die Florentiner Adelsfamilien den Städtern Wein, Brot und andere toskanische Köstlichkeiten aus ihren Ländereien. Ein solches Fenster ist auch heute noch an der Seitenwand des Palazzo Antinori zu finden. Ganz im Sinne dieser Tradition zeigt sich die Cantinetta Antinori als Restaurant mit ursprünglichem Charakter und typisch toskanischer Eleganz.

Jäger mit Beute, im Hintergrund das Kloster Passignano, 1890

„Das Toskanische repräsentiert die Identität von Antinori; und darunter verstehe ich Tradition, Kultur, Landwirtschaft, Kunst und Literatur."

Marchese Piero Antinori

Das Symbol der Winzerzunft am Eingang zur Cantinetta Antinori in Florenz markiert den Beitritt im Jahr 1385 und damit den Beginn der Weinbau-Aktivitäten der Familie Antinori.

Im Palazzo Antinori, einem der schönsten Beispiele Florentiner Architektur aus der zweiten Hälfte des 15. Jahrhunderts, entstand bereits 1957 die erste Cantinetta Antinori, die sich an die Tradition der *porticciola* anlehnte. Direkt hinter dem Tor des Palastes befindet sich der Eingang zur Cantinetta mit dem markanten Symbol der Winzerzunft. Giovanni di Piero Antinori trat dieser Vereinigung 1385 als erstes Mitglied der Familie bei. In den betont puristischen Räumen des Restaurants kann man heute wie zu Zeiten der Renaissance feinste toskanische Küche genießen – zusammen mit erlesenen Antinori-Weinen.

Da das einzigartige Konzept auf großes Interesse stieß, wurden in der Folge weitere Lokale in anderen Städten Europas eröffnet: eines in Zürich, eines in Wien und das letzte in Moskau. Nicht nur in Florenz wird damit täglich toskanische Lebensart, kombiniert mit der Freude an gutem Essen und Gastfreundschaft, zelebriert.

Brot – Symbol für Bodenständigkeit und Einfachheit

Bodenständig und einfach, aber raffiniert und kulinarisch aufregend zugleich – so könnte man die toskanische Küche in wenigen Worten beschreiben. Die Bodenständigkeit wurzelt in der ländlichen Tradition der Region, die Einfachheit ist auf die Geschichte großer Teile des Landes zurückzuführen, die lange Zeit auch von Armut geprägt war: Die schwierigen Lebensbedingungen zwangen die Bevölkerung einst dazu, mit günstigen Lebensmitteln vorlieb zu nehmen. Aus der Not wurde eine Tradition, weshalb etwa das ungesalzene Brot (Salz war früher sehr teuer) auch heute noch ein besonders wichtiger Bestandteil der toskanischen Küche ist. Es gehört zu fast jeder Mahlzeit. Ob als einfache Beilage oder als Antipasto in seiner typischen Form als geröstete Weißbrotscheibe, die gerne mit Leber, Kirschtomaten und Rucola, Pesto, Wurst oder Pecorino belegt wird, oder als Brotsalat (*panzanella*), der aus eingeweichtem und zerdrücktem trockenen Brot besteht, das mit Gemüse vermischt wird – Brot ist aus der toskanischen Küche nicht wegzudenken!

Gemüse und Kräuter – nur frisch auf den Tisch

Die wohltuende Einfachheit der toskanischen Küche setzt sich auch in den gesunden Beilagen fort, bei erntefrischen Gemüsen und Kräutern. Auf den Märkten findet sich ein reiches Sortiment an saisonalen Produkten, die naturgemäß je nach Jahreszeit variieren. So greift der Toskaner im Winter gern zu verschiedenen Kohlsorten, Hülsenfrüchten, Artischocken und Pilzen. Niemals würde er Tomaten oder Paprika im Winter kaufen oder Schwarzkohl im Sommer! Verfeinert werden die frischen Zutaten nur mit Kräutern der Saison, die den Eigengeschmack unterstreichen. Doch Kräuter werden auch eigenständig verwendet: etwa als Beilagen (Contorni) in Form von frittierten Salbeiblättern oder als Hauptgang in Verbindung mit Fleischgerichten, wie etwa dem Kalbsbraten in Kräuter-Brotkruste, Kaninchen mit Rosmarin oder auch beim Huhn, das mit einer Sardellen-Kräutersauce verfeinert wird. Frische mediterrane Kräuter wie Rosmarin, Salbei und Basilikum veredeln auch in Kombination mit dem fruchtigen Olivenöl der Region einzelne Gerichte, wobei dem Olivenöl ebenfalls eine besondere Bedeutung zukommt – es bildet die Grundlage vieler Gerichte, die toskanische Küche ist ohne diese Komponente nicht vorstellbar.

Fleisch und Fisch – als Hauptgang unverzichtbar

Obwohl Gemüse in den Küchen der Toskana viel und gern verwendet wird, ist beim Hauptgang Fleisch oder Fisch unerlässlich! Vor allem Fleisch spielt heute eine große Rolle in der toskanischen Küche, sei es vom Rind, Schwein, Lamm über Wild und Kaninchen bis hin zu Geflügel aller Art. Die Vorliebe für Fleisch – vor allem für Grillfleisch – rührt aus der Geschichte: Früher war der offene Kamin oft die einzige Wärmequelle in den Bauernhäusern. Also wurde auf dem Feuer auch gleich das Fleisch gegart. Freilich nur an Festtagen – weshalb auch heute noch nach den Antipasti und vor den Secondi sättigende, kohlenhydratreiche Primi piatti (Nudel- bzw. Reisgerichte) gereicht werden.

Selbst der Hauptgang wird mit reichlich Brot und Gemüsebeilagen gegessen. Beim Schlachten wird in der sparsamen toskanischen Küche übrigens stets das ganze Tier verarbeitet. Deshalb gibt es eine Vielzahl an Gerichten mit Innereien. Sehr beliebt sind etwa Kutteln (*trippa*), die in den Städten oft an mobilen Imbiss-

Ochsenfuhrwerk auf der Straße nach Campalto, um 1935

„In der Toskana lieben wir das, was uns die Erde saisonbedingt bietet."

Allegra Antinori über die toskanische Küche

ständen mit Brot als schnelle Mahlzeit angeboten werden. Während im Landesinneren der Toskana das Fleisch dominiert, wird in den Küstenregionen mehr Fisch zum Hauptgang genossen. Besonders beliebt sind die Seezunge und der Baccala (getrockneter Kabeljau aus der Arktis und Antarktis).

Bohnen & Co – delikate Sattmacher

Die Bauerngärten lieferten nicht nur Kräuter und Gemüse, sondern auch die nahrhaften Hülsenfrüchte wie etwa Bohnen und Kichererbsen. Sie finden als Beilagen und in kräftigen Suppen, bei Pasta und als Aufstrich Verwendung – und zwar so häufig, dass sie den Toskanern den Schimpfnamen „Bohnenfresser" eingebracht haben. Völlig zu Unrecht, weil gerade die Toskana eine Reihe von sehr delikaten Bohnen (zierliche Augenbohnen, die zarte *coco nano* oder die deftigen, violettschwarzen Feuerzungenbohnen) vorzuweisen hat. Traditionell werden Hülsenfrüchte ohne vorheriges Einweichen über Nacht in einem *fiasco* (einer bauchigen Weinflasche) oder im Tontopf mit etwas Olivenöl ohne Salz langsam bei niedriger Temperatur gegart, z. B. in der warmen Asche des Kaminfeuers. So kommt der einzigartige Geschmack besonders gut zur Geltung.

Käse oder doch lieber Dolci zum Dessert?

Als Abschluss eines toskanischen Festmahls kann man zwischen Käse und Süßem wählen – man muss aber nicht! Gerne wird beides genossen, auch die Reihenfolge ist beliebig. Bekannte und beliebte Käsesorten sind der Büffelmozzarella, der Pecorino, der Scamorza und der Stracchino. Scamorza ist ein italienischer Käse aus Kuhmilch, er stammt wie der Mozzarella aus Süditalien, ist aber kein Frischkäse, sondern geräuchert. Stracchino ist ein weißer Kuhmilch-Weichkäse, der ursprünglich aus der Lombardei kommt.

Nicht weniger schmackhaft sind die essbaren Edelkastanien der Toskana, die in sehr vielen Desserts zu finden sind. Sie werden teilweise faustgroß und sind sehr reich an Kohlenhydraten, weshalb Kastanienmehl früher als „Mehl der Bauern" bezeichnet wurde und bis in die Nachkriegsjahre ein wertvolles und sättigendes Grundnahrungsmittel darstellte. Durch ihr intensiv nussig-süßes Aroma werden

Kastanien auch heute noch sehr gern gegessen, entweder auf dem Feuer geröstet oder in Pasta und Süßspeisen: mit Rum, gekocht, geröstet und flambiert oder auch im Kuchen verarbeitet. Weiters lockt die toskanische Küche mit Trauben- oder Apfelkuchen über Reiskroketten bis hin zu Milchcrèmes oder erfrischendem Obstsalat. Es müssen zum Nachtisch also nicht immer Profiteroles oder Panna cotta sein …

Wein – für die feine Note beim Kochen

Toskanischer Wein ist nicht nur ein edles Getränk, auf das der Genießer auf keinen Fall verzichten sollte, sondern auch eine köstliche Bereicherung für viele Gerichte. Durch das Reduzieren entfaltet der Wein sein volles Aroma in vielen Speisen. So verleiht ein guter Wein einem Rinderschmorbraten eine besonders feine Note, auch ein Hackbraten oder ein Hähnchen-Gericht wird durch Chianti & Co veredelt.

Egal ob Purist oder Gourmet – die traditionelle Küche der Toskana verrät ebenso viel über die (Ess-)Kultur, die Geschichte und die Menschen des Landes wie die Bauwerke, Kunstschätze und Landschaften. Sie ist einfach und rustikal, die regionalen Köstlichkeiten sorgen im perfekten Zusammenspiel mit den berühmten Weinen für einen unvergesslichen Toskana-Genuss.

Marchesi Antinori – Weinkultur mit Geschichte

Die Toskana berührt und beflügelt nicht nur den Betrachter und Genießer, sie erzählt auch dem Wissbegierigen faszinierende Geschichten über Kunst und Kultur. Eine dieser faszinierenden Geschichten ist jene der Familie Antinori. Seit mehr als 600 Jahren fließt Winzerblut durch die Adern dieses Adels- und Kaufmannsgeschlechts, das eines der ältesten Familienunternehmen der Welt betreibt. Der Name Antinori gilt heute international als Synonym für toskanische Weine: Tradition, Leidenschaft und Intuition machten die Familie und die Marke Antinori zu einem der führenden italienischen Produzenten und Handelshäuser für Qualitätsweine. Die wichtigsten Anbaugebiete der Antinoris sind die Toskana und Umbrien. Fast 1.400 Hektar fassen die weltweit bekannten Weinberge wie etwa Chianti, Bolgheri, Montalcino, Montepulciano, Orvieto. Besonders eng ist die Geschichte der Marchesi mit dem Chianti Classico verbunden. In der Weinregion Chianti be-

Villa Tignanello

„Dort bei Antinori ... aus reifen Canaiolo-Trauben keltere ich einen derart reinen Most, dass er in den Gläsern sprudelt, springt, schäumt und glänzt!“

Francesco Redi, Renaissance-Dichter, Hofgelehrter und offizieller Weinberater des Großherzogs Cosimo III. dei Medici, in seinem komisch-lyrischen Epos „Bacco in Toscana“

Senator Vincenzio Antinori (1792–1865) mit Familie

„Unsere Wurzeln spielen eine wichtige Rolle in unserer Unternehmensphilosophie, sie haben jedoch nie unseren innovativen Geist gehemmt."

Marchese Piero Antinori

finden sich die wichtigsten Weingüter der Antinoris wie Tignanello, Pèppoli und Badia a Passignano – zwischen Zypressen, goldgelben Sonnenblumen und dem ewigen Auf und Ab der sanften Hügel.

Die große kaufmännische Vergangenheit begründet auch den heutigen Unternehmergeist der Antinoris, der im Florenz der Renaissance seinen Anfang nahm: Seidenhandel, Wolle, Geldgeschäfte machten die Dynastie – neben der befreundeten Familie Medici – zu einer der reichsten und mächtigsten Familien jener Zeit.

Im Jahre 1385 trat Urahn Giovanni di Piero Antinori als Lehrling der Zunft der Weinhändler bei. Dieses Datum markiert den Beginn der Weinbau-Geschichte der Antinoris. Aber erst viele hundert Jahre und unzählige Generationen später wurde 1863 das heutige Unternehmen Marchesi Antinori von Giovanni di Pieros Nachfahren Piero und Lodovico Antinori gegründet – gemeinsam mit Guglielmo Guerrini. Voller Tatendrang reorganisierten sie die Weinbau-Aktivitäten, modernisierten die vier Weingüter und fanden damit Anklang in vielen Ländern der Welt.

Stammbaum der Familie Antinori bis ins Jahr 1188: Erste Vorfahren der Familie findet man zu Beginn des 13. Jahrhunderts in Florenz. In Calenzano, einer Gemeinde in der Provinz Florenz, kannte man sie bereits seit 1188.

Mut zum Experiment

Zu Beginn des 20. Jahrhunderts ergänzte Piero die Besitztümer der Familie durch viele kleinere Güter mit Weinbergen im Chianti Classico. Nach einem Besuch in Frankreich, in der Region Champagne, lud man Lucien Charlemagne (einen berühmten französischen Önologen, der auf die Produktion von Champagner spezialisiert war) nach San Casciano ein, um den ersten Schaumwein Antinori metodo classico zu produzieren.

Der berühmte Komponist Giacamo Puccini, ein Freund der Familie, war so begeistert von den Schaumwein-Experimenten, dass er in einem Brief an Piero schrieb: „Lieber Piero, man sagt mir, Ihr habt einen sehr aristokratischen Champagner produziert." Knapp 20 Jahre später erregte Pieros Sohn Niccolò Aufsehen mit einer bis dahin unüblichen Praxis in der italienischen Weinproduktion: Er mengte seinem Chianti Bordeaux-Rebsorten bei. 1928 kreierte Niccolò den ersten Jahrgangs-Chianti, den Villa Antinori Chianti Classico. Kurz darauf präsentierte er auch den ersten Weißwein, den Villa Antinori Bianco. Auch Niccolòs Sohn, Marchese Piero, experimentierte weiter, etwa mit einer vorgezogenen Lese der weißen Trauben, mit temperaturkontrollierter Gärung in Edelstahltanks sowie mit unterschiedlichen Eichensorten für den Barrique-Ausbau. Sein Interesse für nicht-traditionelle toskanische Rebsorten führte ihn zur Produktion von Weinen wie Cabernet Sauvignon, Cabernet Franc, Merlot, Chardonnay, Sauvignon Blanc, Pinot Blanc, Gewürztraminer, Traminer – und das mit großem Erfolg. Es folgten Jahre der Expansion und die Einführung von neuen Weinen, die heute zu den großen Wein-Klassikern gehören. Doch in allem, was er tat, hatte Piero nur ein Ziel: höchste Qualität zu erzeugen. So ist es seinem unermüdlichen Einsatz zu verdanken, dass für italienische Weine verbesserte Qualitätsbestimmungen eingeführt wurden. Mit der Überarbeitung der Qualitätsnorm Denominazione di Origine Controllata e Garantita (DOCG) wurde der Chianti auf ein nie da gewesenes Qualitätsniveau gehievt: Nicht nur der vorgeschriebene Anteil an weißen Trauben wurde reduziert, sondern auch – was viel wichtiger ist – die Produktionserträge und der Ertrag pro Rebstock wurden herabgesetzt.

Die Toskana und Umbrien sind für das Weingut Antinori die wichtigsten Anbaugebiete. Fast 1400 Hektar bedecken die Weinberge, die beste Qualität hervorbringen: Chianti Classico, Bolgheri, Montalcino, Montepulciano, Orvieto – diese Gebiete sind mittlerweile weltberühmt.

Super-Tuscan – Die Renaissance des Chianti

Einen Höhepunkt in der Weinproduktion stellte 1971 der Kultwein Tignanello dar. Gemeinsam mit dem Önologen Giacomo Tachis entwickelte Piero einen Rotwein aus Sangiovese-Trauben, der ur-toskanischen Rebe, die er mit Cabernet Sauvignon und Cabernet Franc zu einer neuartigen Cuvée verband, ausgebaut im französischen Barrique-Eichenfass. Frei von den Beschränkungen der Qualitätsnorm des Chianti, welche die Weine leicht säuerlich und oft farbschwach werden ließen, entstand nun ein signifikant veränderter Chianti, dem vor allem das Prädikat „elegant“ zuzuschreiben ist. Ein Neubeginn für den italienischen Wein, den Chianti. Der Tignanello wurde von der internationalen Fachpresse zu den bedeutendsten Weinen in der Geschichte der italienischen Weinproduktion hochgelobt: im Kern bodenständig, aber elegant ausgebaut – das hat einen neuen Namen verdient. Der von den Amerikanern erfundene Begriff „Super-Tuscan“ wurde geboren und Piero Antinori zum Botschafter für italienische Spitzenweine in der ganzen Welt geadelt.

Die Familie Antinori – Das Unternehmen geht in weibliche Hände über

25 Generationen lang wurde das Unternehmen Antinori ausnahmslos von Männern geführt. Nun – in der 26. Generation des Florentiner Clans – übernahmen erstmals drei Frauen das Ruder: Piero Antinoris Töchter Allegra, Alessia und Albiera. Sie lenken heute die Geschicke des größten Weinguts Europas. Die drei Wein-Expertinnen gehen ganz bewusst ihren eigenen Weg, bewegen sich aber wie ihre Vorgängergenerationen stets im Spannungsfeld zwischen Tradition und Innovation und setzen dabei auf ein seit Jahrhunderten bewährtes Familienrezept: Sie brechen Traditionen behutsam auf und geben damit dem Neuem eine Chance.

Piero Antinori und seine Töchter Albiera, Allegra und Alessia. In der 26. Generation der Antinoris leiten nun die drei jungen Frauen die Geschicke des Traditionsunternehmens.

„Die Leidenschaft für Wein, kombiniert mit der Freude an gutem Essen und an der Gastfreundschaft, findet man an Orten voller Traditionen wieder, zum Beispiel in der Cantinetta Antinori."

Allegra Antinori über das Erfolgsrezept der Cantinetta Antinori

Antipasti

Insalata di gamberi e carciofi

Artischockensalat mit Garnelen

Zutaten für 6 Portionen:

3 sehr zarte Artischocken
500 g frische Garnelen
3 EL Olivenöl
3 EL Zitronensaft
Salz, Pfeffer

Die Garnelen kurz in kochendem Wasser blanchieren, dann abkühlen lassen und schälen.
Die Artischocken putzen (die harten Blätter entfernen) und in sehr dünne Scheiben schneiden. Salzen, mit 1 Esslöffel Zitronensaft beträufeln und auf eine Platte legen.
Die Garnelen auf den Artischocken verteilen und mit dem übrigen Zitronensaft, Olivenöl, Salz und Pfeffer marinieren.

WEINEMPFEHLUNG: *Bramito del Cervo Umbria IGT*

Schon in der zweiten Hälfte des 15. Jahrhunderts wurde die Artischocke in der Toskana kultiviert. Vor allem im Winter und den ersten Monaten des neuen Jahres verarbeitet man das stachelige Gemüse zu köstlichen Gerichten.

Bruschetta al pesto con pomodorini

Bruschetta mit Pesto und Kirschtomaten

Zutaten für 4 Portionen:

1 Tasse gehackte Kräuter, bestehend aus:
4 Teilen Rucola, 5 Teilen Basilikum,
1 Teil Minze
1 TL Pinienkerne
¼ Knoblauchzehe
4 EL Olivenöl
süße Kirschtomaten
8 Scheiben helles Landbrot (Toskanabrot)
Salz, Pfeffer, Zucker

Die Kirschtomaten fein würfeln und mit etwas Salz und einer Messerspitze Zucker in ein Sieb einlegen, damit sie Flüssigkeit abgeben.
Die Rucola-, Basilikum- und Minzblätter mit den Pinienkernen, dem Knoblauch, Salz, einer Messerspitze Zucker, Pfeffer und Olivenöl im Mixer zerkleinern. Die Brotscheiben rösten (oder toasten), mit dem Pesto bestreichen und 1 Esslöffel Kirschtomaten darauf verteilen. Etwas Olivenöl darüberträufeln.

Crostini di zucchini

Crostini mit Zucchini

Zutaten für 4 Portionen:

4 Scheiben helles Landbrot (Toskanabrot)
2 Zucchini
Knoblauch
Essig
Olivenöl
Salz

Das Brot auf beiden Seiten anrösten oder toasten, dann auf einer Seite mit der halbierten Knoblauchzehe einreiben. Zucchini in schmale Streifen schneiden, in einer Pfanne in wenig Olivenöl anbraten und über die Brotscheiben verteilen. Mit einer Prise Salz, ein wenig Olivenöl und ein paar Tropfen Essig verfeinern.

WEINEMPFEHLUNG: *Scalabrone Bolgheri DOC Rosato*

Crostini con pomodorini e rughetta

Crostini mit Kirschtomaten und Rucola

Zutaten für 6 Portionen:

6 Scheiben helles Landbrot (Toskanabrot)
12 Kirschtomaten
1 Bund Rucola
1 Knoblauchzehe
1 EL Zucker
5 EL Olivenöl
Salz, Pfeffer, Zucker

Die Kirschtomaten waschen, in kleine Stücke schneiden, in einem Sieb in Salz und Zucker einlegen, damit sie Flüssigkeit abgeben, und abtropfen lassen.
Rucola putzen, waschen, trocknen und grob hacken.
Die abgetropften Tomaten pfeffern und mit 3 Esslöffel Olivenöl beträufeln.
Die Brotscheiben rösten oder toasten, mit der halbierten Knoblauchzehe einreiben und mit dem übrigen Olivenöl beträufeln. Erst den Rucola, dann die Tomaten darauf verteilen und servieren.

WEINEMPFEHLUNG: *San Giovanni della Sala Orvieto Classico Superiore DOC*

Peperoni ripieni

Gefüllte Paprika

Zutaten für 4 Portionen:

4 große grüne, gelbe, orange oder rote Paprikaschoten
1 kleine rote Zwiebel
1 große Knoblauchzehe
5 Stämmchen Petersilie
½ mittelgroße Karotte
3 EL Olivenöl
ca. 450 g Hackfleisch vom Schwein
1 Glas trockener Rotwein
2 Dosen geschälte Tomaten
1 Scheibe Prosciutto, Pancetta oder Kochschinken (ca. 55 g)
1 Eigelb
2 EL frisch geriebener Parmesan
ca. 60 g Semmelbrösel (Paniermehl)
120 ml Gemüsebrühe oder Hühnerbrühe
Salz, frisch gemahlener schwarzer Pfeffer

Die Paprikaschoten 10 Minuten lang in kaltes Wasser einlegen. Dann die Kappen abschneiden und die Kerngehäuse herauslösen. Die Stiele entsorgen und den Rest der Kappen mit der Zwiebel, dem Knoblauch sowie der Petersilie fein hacken, die Karotte schaben. Die gehackten Zutaten und die Karotte in einer Kasserolle mit 2 Esslöffel Olivenöl 5 Minuten leicht goldbraun braten. Das Hackfleisch dazugeben, mit Salz und Pfeffer würzen und weitere 10 Minuten braten. Den Wein zugießen und warten, bis er verdunstet ist (etwa 6–8 Minuten), dann die Tomaten beigeben und die Sauce unter ständigem Rühren einreduzieren (etwa 15 Minuten). Die Kasserolle vom Herd nehmen und auskühlen lassen (20–25 Minuten). Den Backofen auf 190 °C vorheizen.
Wenn der Topfinhalt abgekühlt ist, den Schinken grob hacken und gut untermischen, dann das Eigelb und den Parmesan hinzufügen und wiederum gut vermengen.
Nun die Paprikaschoten halbieren und mit der Masse füllen. Mit Semmelbröseln bestreuen, die Schoten in eine ausreichend große feuerfeste Form geben und die Brühe sowie das übrige Olivenöl (1 EL) zugießen. Die Paprika im Ofen garen, bis sie weich sind (ca. 40 Minuten).
Die Form aus dem Ofen nehmen, die Paprika 10 Minuten auskühlen lassen, warm oder kalt servieren.

WEINEMPFEHLUNG: *Vermentino Bolgheri DOC*

Scamorze ripiene

Mit Gemüse gefüllter Scamorza

Zutaten für 6 Portionen:

6 Stück Scamorza (je 150 g)
2 mittelgroße Auberginen
1 Knoblauchzehe
½ Zwiebel
1 EL in Essig eingelegte Kapern
3 reife Tomaten
30 g Pinienkerne
1 EL gehacktes Basilikum
3 EL Olivenöl
Ednussöl zum Frittieren
Salz, Pfeffer

Den Backofen auf 180 °C vorheizen.
Die Auberginen in Scheiben schneiden und etwa 30 Minuten in Salz einlegen. Die Tomaten mit einem Löffel entkernen, würfeln, in einem Sieb in Salz und Zucker einlegen, damit sie Flüssigkeit abgeben.
Jeden Scamorza am oberen Ende der „Birne" köpfen und aushöhlen, dabei eine 1 cm dicke Hülle stehen lassen. Den herausgelösten Käse in kleine Würfel schneiden.
Die Auberginenscheiben abspülen, trocken tupfen, würfeln, frittieren und auf Küchenkrepp abtropfen lassen.
Die Zwiebel fein hacken und mit der Knoblauchzehe (im Ganzen) in Olivenöl goldgelb anbraten. Die Pinienkerne, die Kapern und die Tomaten dazugeben und die Sauce bei starker Hitze 5–6 Minuten einkochen lassen. Die Auberginen und nach 2–3 Minuten das gehackte Basilikum sowie die Käsewürfel hinzufügen. Die Knoblauchzehe entfernen.
Sofort vom Herd nehmen, die ausgehöhlten Scamorze füllen und in einer leicht eingefetteten feuerfesten Form etwa 5 Minuten lang überbacken.
Heiß oder lauwarm servieren.

WEINEMPFEHLUNG: *Scalabrone Bolgheri DOC Rosato*

Sformatini di spinaci in crosta di prosciutto

Spinatküchlein in Schinkenkruste

Zutaten für 6 Portionen:

12 Scheiben Rohschinken
500 g Blattspinat
400 g Ricotta
2 Eier
1 Eigelb
3 EL geriebener Parmesan
2 EL Milch
40 g Butter
½ TL Muskatnuss
Salz, Pfeffer

Den Backofen auf 200 °C vorheizen.
Sechs kleine Auflaufformen mit 15 g Butter einfetten und mit den Schinkenscheiben auslegen. Den Spinat blanchieren, auspressen, grob hacken und in der übrigen Butter anschwitzen. Die Eier mit der Milch, der Muskatnuss, etwas Salz und Pfeffer verquirlen.
Den Spinat gut mit dem Ricotta vermischen und vorsichtig die Ei-Masse und den geriebenen Parmesan unterheben. Die entstandene Masse in die Auflaufformen füllen und etwa 20 Minuten backen.
Die Küchlein auf Teller stürzen und servieren.

WEINEMPFEHLUNG: *Montenisa Franciacorta Satèn*

Cecina

Kichererbsenfladen

Zutaten für 1 Fladen:

500 g Kichererbsenmehl
2 l Wasser
½ Glas Olivenöl
Salz

Das Kichererbsenmehl in einer großen Salatschüssel gut mit dem Wasser und dem Öl auflösen. Zudecken und mindestens eine Stunde ruhen lassen, dann das überschüssige Wasser an der Oberfläche abschöpfen. Salzen, gut durchmischen, in eine gut eingefettete Springform geben und diese mindestens 2 cm hoch mit der Masse füllen. Im auf 180 °C vorgeheizten Backofen ungefähr ½ Stunde backen. Kann mit einigen Scheiben *salame toscano* gereicht werden.

Donzelle (Zonzelle)

Frittierte Teigstückchen

Zutaten für 4 Portionen:

300 g Mehl
15 g Hefe
ca. ½ l lauwarmes Wasser
Salz
Erdnussöl

Die Hefe im Wasser auflösen, das Mehl mit dem Hefe-Wasser vermischen, etwas Salz hinzufügen und eine glatte Teigkugel formen. Mindestens 1 Stunde an einem warmen Ort aufgehen lassen. Reichlich Erdnussöl in eine Pfanne geben, gut erhitzen und etwa walnussgroße Teigstücke darin frittieren. Zum Abtropfen auf Küchenkrepp legen, etwas salzen und heiß servieren (dazu passen in Scheiben geschnittene Würste oder etwas Stracchino).

WEINEMPFEHLUNG: *Montenisa Franciacorta Brut*

Mozzarella in carrozza

Mozzarella „in der Kutsche"

Zutaten für 6 Portionen:

250 g Mozzarella
12 Scheiben Weißbrot (Toastbrot)
4 Eier
Salz
ca. 500 ml Pflanzenöl

Den Mozzarella in 6 Scheiben schneiden, dann jede Scheibe der Länge nach halbieren. Die Brotscheiben ebenfalls halbieren und wie für ein Sandwich immer eine Scheibe Mozzarella zwischen 2 Brotscheiben legen.
Die Eier mit einer Prise Salz in einer Schüssel verquirlen.
Das Öl in einer Bratpfanne erhitzen (ca. 190 °C), jedes „Sandwich" in Ei tauchen, beidseitig goldbraun ausbacken und dann auf Küchenkrepp abtropfen lassen.
Mit Salz bestreuen und heiß servieren.

Crostini col cavolo nero

Crostini mit Schwarzkohl

Zutaten für 6 Portionen:

400 g Schwarzkohl
6 Scheiben helles Landbrot (Toskanabrot)
6 EL Olivenöl
1 Knoblauchzehe
Salz, Pfeffer

Den Kohl waschen, die härteren Stängel herausschneiden und die Blätter etwa 10 Minuten kochen. Abgießen, 1 Glas vom Kochwasser auffangen und beiseitestellen.
Die Brotscheiben rösten oder toasten, mit der halbierten Knoblauchzehe einreiben und mit dem Kochwasser beträufeln. Die Kohlblätter zerzupfen und jede Brotscheibe mit einigen Blättchen belegen.
Mit Olivenöl beträufeln, salzen und großzügig pfeffern.

WEINEMPFEHLUNG: *Santa Cristina Le Maestrelle Toscana IGT*

Die Zeit scheint langsamer zu verstreichen in den kleinen Städtchen und Dörfern der Toskana. Es lohnt sich, den Spaziergang für ein Glas Wein zu unterbrechen und einen Atemzug lang innezuhalten, vor allem wenn sich nach einem langen Winter die ersten Sonnenstrahlen auf die Hausmauern legen.

Crostini toscani

Crostini nach Toskaner Art

Zutaten für 4 Portionen:

12 kleine Scheiben helles Landbrot (Toskanabrot)
1 kleine weiße Zwiebel
400 g Hühnerleber
½ Glas Weißwein
1 Handvoll Kapern
etwas Hühnerbrühe
Butter
Salz, Pfeffer

Die fein gehackte Zwiebel in Butter goldbraun braten, die Hühnerlebern dazugeben, salzen, pfeffern, weitere 5 Minuten braten, dann den Weißwein und, sobald dieser verdunstet ist, etwas Brühe zugießen.
Die Hühnerlebern herausnehmen und so fein wie möglich hacken, dann wieder in die Pfanne geben. Eine Handvoll gehackte Kapern hinzufügen und die Masse auf den trockenen oder mit etwas Brühe befeuchteten Brotscheiben verteilen.

WEINEMPFEHLUNG: *Pèppoli Chianti Classico DOCG*

Crostini alla salsiccia e stracchino

Crostini mit Salsiccia und Stracchino

Zutaten für 4 Portionen:

8 Scheiben helles Landbrot (Toskanabrot)
3 Salsicce
200 g Stracchino

3 Salsicce häuten, fein hacken und die Wurst mit dem Stracchino zu einer homogenen Masse verarbeiten.
Die Brotscheiben damit bestreichen und für einige Minuten zum Gratinieren in den Ofen schieben.

WEINEMPFEHLUNG: *Sabazio La Braccesca Rosso di Montepulciano DOC*

Frittata di porri

Italienisches Lauchomelett

Zutaten für 4 Portionen:

5 große Lauchstangen
4 EL Olivenöl
6 Eier
Salz, frisch gemahlener schwarzer Pfeffer

Den Lauch gut abspülen und den grünen Teil entfernen, dann in gut 1 cm dicke Ringe schneiden. Die Lauchringe 30 Minuten in kaltes Wasser einlegen, dann sorgfältig unter fließend kaltem Wasser abspülen.
Den Lauch in einer Kasserolle mit 3 Esslöffel Olivenöl anschwitzen, salzen, pfeffern und so lange garen, bis er weich ist (etwa ½ Stunde), anschließend abkühlen lassen.
Die Eier mit etwas Salz verquirlen, danach den abgekühlten Lauch dazugeben und gut mit dem Ei vermengen.
In einer großen Omelettpfanne das übrige Olivenöl (1 EL) erhitzen (Mittelstufe). Das Ei-Lauch-Gemisch in die Pfanne geben. Sobald die Eier gut gestockt sind und die Frittata sich leicht vom Pfannenboden löst, einen Teller mit der Unterseite nach oben über die Pfanne stülpen, gut festhalten, die Pfanne umdrehen und die Frittata auf den Teller stürzen.
Die Pfanne wieder auf den Herd stellen, die Frittata vorsichtig hineingleiten lassen und auf der anderen Seite braten. Nach 2 Minuten die Frittata wiederum auf einen Teller stürzen und heiß oder kalt servieren.

WEINEMPFEHLUNG: *Santa Cristina Rosato Toscana IGT*

Terrina di faraona

Perlhuhnterrine

Zutaten für 8 Portionen:

1 entbeintes Perlhuhn ohne Haut (ca. 1 ½ kg)
4 Geflügellebern (vom Huhn oder Perlhuhn)
200 g Kochschinken
200 g Sahne
1 weiches Brötchen oder 2 Scheiben Toastbrot
1 Ei
½ Glas Cognac
½ Glas Vin Santo
1 kleine fein gehackte Schalotte
2 gehäufte EL Pistazien
1 TL Orangenschale
Salbei
Lorbeerblätter
Thymian
Olivenöl
Salz, Pfeffer

Die Perlhuhnbrust in Würfel schneiden und mit dem Cognac und dem Thymian marinieren. Die gut geputzten Leberstücke mit Lorbeerblättern, Salbei und der gehackten Schalotte in etwas Öl anbraten. Mit 2–3 Esslöffel Vin Santo ablöschen, salzen, pfeffern.

Das Perlhuhnfleisch (ohne die Brust), den Schinken und die Geflügellebern durch den Fleischwolf drehen. Das Toastbrot in der Hälfte der Sahne einweichen und gut ausdrücken. Die Fleischmasse, das Ei, das durchweichte Brot, die Orangenschale und die mit einem Messer gehackten Pistazien vermengen. Mit Salz und Pfeffer abschmecken, die übrige Sahne und nach Belieben noch etwas gehackten Salbei, gehackten Thymian und Vin Santo hinzufügen. Den Boden einer Terrinenform mit einigen Lorbeerblättern auslegen und die Hälfte der Masse darauf verteilen, dann die in Würfel geschnittene Perlhuhnbrust darüberschichten (Marinade vorher abgießen) und mit der übrigen Fleischmasse bedecken. Im auf 200 °C vorgeheizten Ofen zugedeckt im Wasserbad ungefähr 1 ¼ Stunden garen, nach ½ Stunde die Temperatur auf 180 °C zurückdrehen. Die Terrine aus dem Wasserbad nehmen und mit einer Last (Zuckerpaket, Fleischklopfer, Wasserflasche) von etwa 1 kg beschwert auskühlen lassen. Die Terrine kalt (am besten am nächsten Tag) und in Scheiben geschnitten mit etwas Salat, Toast und Butter servieren.

WEINEMPFEHLUNG: *Pietrabianca Tormaresca Castel del Monte DOC Chardonnay*

Primi

Risotto agli asparagi

Risotto mit grünem Spargel

Zutaten für 6 Portionen:

300 g Risottoreis (z. B. Arborio)
500 g grüner Spargel
50 g Butter
50 g geriebener Parmesan
2 kleine Zwiebeln
1 l Gemüsebrühe
½ EL gehackte Minze
½ EL gehacktes Basilikum
Salz, Pfeffer

Den Spargel waschen und die hellen (evtl. holzigen) Enden entfernen. Die Spitzen abschneiden und beiseitelegen. Die Stiele in kleine Würfel schneiden.
Die Zwiebeln fein hacken und in 30 g Butter anschwitzen, dann die gewürfelten Spargelstiele hinzufügen (sie sollten nicht braun werden).
Den Reis dazugeben und ebenfalls etwa 3–4 Minuten anschwitzen, dann die heiße Gemüsebrühe zugießen, salzen und bei mittlerer Hitze etwa 15 Minuten kochen, dabei ständig rühren.
Währenddessen die Spargelspitzen in Wasser blanchieren und abseihen.
Wenn der Reis gar ist (er sollte „all'onda" sein, noch etwas flüssig, sodass das Wasser noch „eine Welle schlagen" könnte), vom Herd nehmen, die Spargelspitzen, die Kräuter, die übrige Butter und den geriebenen Parmesan untermengen, pfeffern und servieren.

WEINEMPFEHLUNG: *Mezzobraccio Tenuta Monteloro Toscana IGT*

Risotto agli scampi freschi

Risotto mit frischen Krustentieren

Zutaten für 4 Portionen:

2 Knoblauchzehen
1 Peperoncino
200 g Garnelen
200 g Riesengarnelen (*gamberoni*)
4 gekochte Scampi zum Garnieren
½ Glas Weinbrand
1 Glas Weißwein
1 TL Worcestersauce
400 g Reis
1 Zwiebel
1 EL Butter
100 ml Sahne
100 g passierte Tomaten
Olivenöl
Salz, Pfeffer

Die Knoblauchzehen (im Ganzen) mit dem fein gehackten Peperoncino in etwas Olivenöl in einer Kasserolle anbraten. Die geschälten und in Stücke geschnittenen Garnelen (die Schalen nicht wegwerfen) und Riesengarnelen dazugeben, etwa eine Minute braten und anschließend den Weinbrand zugießen. Wenn der Alkohol gut einreduziert ist, die Sahne und unmittelbar danach die passierten Tomaten und die Worcestersauce hinzufügen. Schnell umrühren, mit den Garnelen und Riesengarnelen vermengen und einige Minuten köcheln lassen. Aus den Garnelenschalen und Wasser eine Brühe zubereiten. Währenddessen in einer Kasserolle die fein gehackte Zwiebel in Olivenöl goldbraun anbraten, dann den Reis dazugeben und unter Zugießen des Weißweins und der Garnelenschalen-Brühe garen. Dabei ständig umrühren. Kurz vor Ende der Kochzeit die Garnelensauce und etwas Butter untermengen. Mit Salz und Pfeffer abschmecken und mit je einem gekochten Scampo als Garnierung anrichten.

WEINEMPFEHLUNG: *Mezzobraccio Tenuta Monteloro Toscana IGT*

Mezze maniche ai fiori di zucca e zafferano

Mezze maniche mit Zucchiniblüten und Safran

Zutaten für 4 Portionen:

300 g Mezze maniche (kurze Röhrennudeln)
500 ml Sahne
1 Kistchen Zucchiniblüten (16 Stück)
4 g Safran
50 g Butter
Olivenöl (Olivenöl extra vergine Pèppoli)
Salz

Die Zucchiniblüten waschen, in Scheibchen schneiden und mit der Butter, einem Schuss Olivenöl und einer Prise Salz in einer Kasserolle anbraten, dann die Sahne und den Safran hinzufügen, zum Kochen bringen und die zuvor in Salzwasser bissfest gekochten Mezze maniche unterheben. Sehr heiß servieren.

WEINEMPFEHLUNG: *Cervaro della Sala Umbria IGT*

Gnudi

Ricotta-Spinatklößchen

Zutaten für 4 Portionen:

300 g frischer Ricotta
200 g gekochter und fein gehackter Blattspinat
100 g geriebener Parmesan
Muskatnuss
2 Eier
Mehl nach Belieben (maximal 50 g)
Butter

Den Ricotta gut abtropfen lassen und in eine Schüssel geben. Den gründlich ausgepressten Spinat, die Hälfte des Parmesans, die Eier, etwas geriebene Muskatnuss und etwas Mehl hinzufügen, alles gut vermengen und mindestens ½ Stunde ruhen lassen. Salzwasser in einem großen Topf zum Kochen bringen. Aus der Ricottamasse mit den Händen oder mit Hilfe von zwei Löffeln Klößchen formen, mit etwas Mehl bestäuben und, wenn sie fertig geformt sind, ins kochende Salzwasser einlegen. Sobald sie oben schwimmen, vorsichtig abgießen und in eine feuerfeste Form schichten. Etwas flüssige Butter darübergießen, mit Parmesan bestreuen und bei 200 °C ungefähr 10–15 Minuten im Ofen gratinieren. Heiß servieren.

Tortelli alle fave

Tortelli mit Bohnenfüllung

Zutaten für 4 Portionen:

Für die Tortelli:
300 g Mehl (vorzugsweise italienisches Type 0 oder glattes Weizenmehl Type 700 bzw. Type 505 in Deutschland)
3 Eier

Für die Füllung:
1 kg frisch ausgelöste Bohnen
1 Zwiebel
200 g junger Pecorino (Pecorino fresco)
1 EL gehackte Petersilie
Salz, Pfeffer
Olivenöl
Pecorinosplitter zum Garnieren

Das Mehl und die Eier gut und lange zu einem glatten, homogenen Teig verkneten, diesen in eine Frischhaltefolie wickeln und ½ Stunde im Kühlen (nicht im Kühlschrank) ruhen lassen.
Währenddessen die Zwiebel in feine Scheiben schneiden und mit etwas Olivenöl in einer beschichteten Pfanne goldbraun braten, die gewaschenen Bohnen hinzufügen, salzen, nach etwa 10 Minuten vom Herd nehmen, etwas auskühlen lassen und lauwarm in eine Schüssel geben. Den in kleine Stücke geschnittenen Pecorino hinzufügen (die Stücke sollen so groß wie die Bohnen sein). Mit Salz und Pfeffer abschmecken, die Petersilie dazugeben und beiseitestellen.
Den Teig mit dem Rollholz oder mit einer Nudelmaschine zu sehr dünnen, breiten Streifen ausrollen. Mit einem Teigausstecher der gewünschten Form und Größe Teigstücke ausstechen und in deren Mitte jeweils 1 Teelöffel der Füllung platzieren, bis diese aufgebraucht ist. Die Teigtaschen an den Rändern gut verschließen.
Die Tortelli einige Minuten in Salzwasser köcheln (sie steigen an die Oberfläche, wenn sie gar sind), abgießen und mit einem Schuss Olivenöl, Pecorinosplittern und einer Prise Pfeffer verfeinern.

WEINEMPFEHLUNG: *Cipresseto Rosato Toscana IGT*

Crema fredda di zucchine alla menta

Kalte Zucchinicreme mit Minze

Zutaten für 12 Portionen:

1 kg Zucchini
2 kleine Gemüsezwiebeln (vorzugsweise Cipolla rossa di Tropea)
3 Stämmchen Minze
1 Sträußchen Basilikum
200 g Sahne
2 EL Zitronensaft
2 EL Olivenöl
Zucker
Salz, Pfeffer

Die Zucchini und die Zwiebel in grobe Stücke schneiden und in Öl und Wasser (das Wasser sollte sie gerade bedecken) gut bissfest kochen. Das Gemüse samt Kochflüssigkeit, der gehackten Minze und dem gehackten Basilikum mit dem Stabmixer passieren, Salz, reichlich Pfeffer, eine Messerspitze Zucker und Zitronensaft hinzufügen, dann die Sahne beigeben. Auskühlen lassen und in Suppenteller gießen.
Mit einigen rohen Zucchini-Stiften und etwas frischer Minze garnieren.

WEINEMPFEHLUNG: *Capsula Viola Toscana IGT*

Liebevoll gepflegter Blumenschmuck in kunstvoll ausgearbeiteten Terracottatöpfen ist – neben der wunderbaren Landschaft, dem Wein und den kulinarischen Versuchungen – ein weiteres Markenzeichen der mittelitalienischen Region. Die Terracottatöpfe werden gerne als Souvenirs mit nach Hause genommen und sorgen für einen Hauch von toskanischem Flair im eigenen Garten.

Passato di zucca con i gamberi

Kürbiscreme mit Garnelen

Zutaten für 6 Portionen:

650 g gelber Kürbis
800 ml Gemüsebrühe
60 g Butter
70 g Mehl
2 EL geriebener Parmesan
1 Prise Zucker
Salz, Pfeffer

Für die Garnelen:
400 g frische Garnelen
50 g Butter
1 Knoblauchzehe
Peperoncino nach Belieben
1 TL Curry
3 EL Weißwein
gehackte Petersilie zum Garnieren

Den in dünne Streifen geschnittenen Kürbis mit 2 Schöpflöffeln Brühe kochen. Mit Salz abschmecken, Pfeffer und eine Prise Zucker hinzufügen und passieren. Aus dem Mehl, der Butter und der übrigen Brühe eine Béchamelsauce zubereiten, diese mit dem passierten Kürbis vermengen und den geriebenen Parmesan hinzufügen.
Die Garnelen schälen, Schalen und Köpfe mit Butter, Knoblauch, Peperoncino und Curry in einer Pfanne bräunen. Wenn alles Farbe angenommen hat, mit dem Weißwein ablöschen und weitere 5 Minuten kochen lassen. Schalen und Köpfe durch ein trichterförmiges Sieb treiben, um eine gut konzentrierte Sauce zu gewinnen. Die Sauce in der Pfanne erhitzen und die zuvor beiseitegelegten geschälten Garnelen kurz darin garen. Die Kürbiscreme in tiefe Teller oder Schalen füllen, in der Mitte einen guten Löffel Garnelen und Sauce platzieren und mit der gehackten Petersilie garnieren.

WEINEMPFEHLUNG: *Fichimori Salento IGT*

Gnocchi di peperoni

Paprikagnocchi mit Spargelgemüse

Zutaten für 4 Portionen:

4 mittelgroße gelbe Paprikaschoten
2 Eigelb
200 g Mehl
50 g Butter
3 EL Olivenöl
ca. 450 g Spargel
3 Frühlingszwiebeln
100 g geriebener Parmesan
Salz, Pfeffer

Die Kerngehäuse aus den Paprikaschoten herauslösen und die Schoten in lange, dünne Streifen schneiden. Diese unter stetem Rühren in einer Kasserolle mit Olivenöl, Salz und Pfeffer anschwitzen, bis sie weich, jedoch nicht braun sind (etwa ¼ Stunde). Vom Herd nehmen und 5 Minuten auskühlen lassen, dann in der Küchenmaschine zu einer glatten Paste mixen. Dann die Eigelb (einzeln) und das Mehl zugeben. Knapp 3 Liter Salzwasser zum Kochen bringen, einen Suppenlöffel darin anwärmen und damit die Gnocchi aus der Paprika-Masse stechen (der Löffel sollte etwa halb voll sein). Den Löffel vorsichtig in das kochende Wasser tauchen und den Gnocco hineingleiten lassen, die Prozedur wiederholen, bis etwa 8 Gnocchi im Topf sind. Wenn sie an die Wasseroberfläche steigen, etwa 2 Minuten kochen lassen, dann abschöpfen und in eine gut gebutterte, nicht zu hohe Backform schichten. Fortsetzen, bis alle Gnocchi gekocht sind.
Für das Gemüse die Spargel in mundgerechte Stücke schneiden, die Frühlingszwiebeln in Scheibchen schneiden. Spargel und Frühlingszwiebeln unter ständigem Rühren in Olivenöl anschwitzen, bis der Spargel knackig-zart ist (etwa 4–5 Minuten). Das Gemüse über die Gnocchi verteilen. Mit Parmesan bestreuen und servieren.

WEINEMPFEHLUNG: *Fichimori Salento IGT*

Spaghettini mediterranei

Spaghettini nach mediterraner Art

Zutaten für 12 Portionen:

1,2 kg Spaghettini
1 kg frischer Thunfisch (in Würfel geschnitten)
6 in Öl eingelegte Sardellen
800 g geschälte und gewürfelte Tomaten
200 g entkernte schwarze Oliven
2 EL Kapern
2 Knoblauchzehen
8 EL Olivenöl
5 g frischer Oregano
3 Peperoncini
etwas Petersilie zum Garnieren
Salz, Zucker

Die Tomaten in etwas Salz und Zucker einlegen, damit sie Flüssigkeit abgeben. Den Thunfisch und die Sardellen in einer beschichteten Pfanne in ganz wenig heißem Öl anlaufen lassen. Im übrigen Öl die gut abgetropften Tomaten mit dem Knoblauch (im Ganzen), den Oliven, den Kapern, dem gehackten Oregano und etwas gehacktem Peperoncino scharf anbraten. Nach ungefähr 10 Minuten den gewürfelten Thunfisch dazugeben, mit dem Rest vermengen und noch einige Minuten gar ziehen lassen. Die Nudeln sehr bissfest kochen und jede Portion mit Sauce und etwas gehackter Petersilie garniert servieren.

WEINEMPFEHLUNG: *Roero Arneis DOCG Prunotto*

Das milde Licht der Toskana scheint sogar die Steinlöwen zu besänftigen, die über dem Hausportal wachen. Kein Wunder also, dass Ruhesuchende hier seit Jahrhunderten ihr Paradies gefunden haben.

Panzanella

Toskanischer Brotsalat

Zutaten für 4 Portionen:

300 g altbackenes helles Landbrot
(Toskanabrot, Ciabatta etc.)
1 Zwiebel
4 Tomaten
4 Basilikumblätter
Balsamessig
Olivenöl
Salz, Pfeffer

Das Brot in Wasser einweichen, gut ausdrücken und anschließend zerbröseln. In einer Salatschüssel mit Essig, Öl, den Basilikumblättern, der in feine Scheiben geschnittenen Zwiebel und den gestückelten Tomaten vermengen, mit Salz und Pfeffer abschmecken und servieren.

WEINEMPFEHLUNG: *Villa Antinori Bianco Toscana IGT*

Ob geröstet, mit fantasievollem Belag oder wie hier im Panzanella, dem Brotsalat, verarbeitet: Gebäck, und traditionell vor allem das ungesalzene Weißbrot, ist unverzichtbarer Bestandteil einer jeden toskanischen Mahlzeit.

Zuppa di ceci e cavolo nero

Kichererbsensuppe mit Schwarzkohl

Zutaten für 12 Portionen:

1 kg gekochte Kichererbsen
2 Bund Schwarzkohl
2 kleine Zwiebeln
2 Knoblauchzehen
1 Sträußchen Salbei
2 Zweige Rosmarin
2 Zweige Thymian
2 Peperoncini
8 EL Olivenöl
Salz, Pfeffer

Die Kichererbsen abseihen (das Kochwasser aufbewahren) und die Hälfte davon passieren.
Den Schwarzkohl bissfest kochen, in Streifen schneiden und mit Knoblauch und Peperoncino (im Ganzen) in 4 Esslöffel Öl anbraten.
Die Zwiebeln und die Kräuter fein hacken, im restlichen Öl anbraten, die passierten und die ganzen Kichererbsen dazugeben, würzen, dann den angebratenen Schwarzkohl hinzufügen. Kochwasser der Kichererbsen (wenn nötig, auch Kochwasser des Schwarzkohls) zugießen, bis die gewünschte Konsistenz erreicht ist.

WEINEMPFEHLUNG: *Pèppoli Chianti Classico DOCG*

Minestra di farro

Emmersuppe

Zutaten für 4 Portionen:

1 Zwiebel
1 Selleriestange
1 Karotte
100 g Rohschinken
400 g Borlotti-Bohnen
200 g Emmer
1 Sträußchen Rosmarin
Olivenöl
Salz, Pfeffer

Zwiebel, Karotte und Sellerie fein hacken und anschwitzen, dann den fein geschnittenen Rohschinken dazugeben. Etwas Olivenöl mit dem Rosmarinsträußchen in eine Kasserolle geben und dieses sehr gut anbraten. Rosmarinsträußchen wieder entfernen.
Währenddessen die Borlotti-Bohnen in reichlich Wasser kochen (wenn möglich am Vortag einweichen). Wenn die Bohnen gar sind, ¾ davon abschöpfen und passieren, dann die passierten Bohnen dem Gemüse beigeben und unter ständigem Zugießen von Wasser zur gewünschten Konsistenz bringen. Mit Salz und Pfeffer abschmecken und ungefähr eine Stunde kochen lassen. Den Emmer etwa eine Dreiviertelminute in Salzwasser kochen, dann abkühlen lassen, abseihen und mit den ganzen Borlotti-Bohnen der Suppe beigeben. Mit etwas kaltem Olivenöl beträufelt servieren.

WEINEMPFEHLUNG: *Sabazio La Braccesca Rosso di Montepulciano DOC*

Die Inneneinrichtung toskanischer Landsitze mutet heimelig an: Holzvertäfelte Decken kontrastieren mit Terracottaböden und kalkweißen Wänden. Und wenn es draußen herbstlich kalt wird, knistert drinnen bereits das wärmende Kaminfeuer.

Crespelle alla fiorentina

Omeletts nach Florentiner Art

Zutaten für 4 Portionen:

Für die Omeletts:
4 Eier
1 Glas Milch
100 g Mehl
1 Prise Salz

Für die Füllung:
300 g Ricotta
200 g gekochter und gehackter Blattspinat
1 Ei
100 g geriebener Parmesan
Salz, Pfeffer

Für die Sauce:
2 l passierte Tomaten
1 l Milch
100 g Mehl
50 g Butter
geriebener Parmesan

Eier, Milch, Mehl und eine Prise Salz gut zu einem dünnflüssigen Teig verrühren. Mindestens ½ Stunde ruhen lassen.
Für die Füllung alle Zutaten gründlich vermengen. Salzen, pfeffern.
Eine beschichtete Pfanne mit etwa 15–18 cm Durchmesser mit einem ölgetränkten Tuch auswischen, gut erhitzen, ungefähr einen Schöpflöffel Teig hineingießen, durch Schwenken der Pfanne den Teig gleichmäßig verteilen. Wenn eine Seite goldbraun ist, wenden.
Wenn alle Omeletts fertig sind, mindestens 2 Esslöffel Füllung darauf verteilen und einschlagen oder einrollen. Alle Omeletts dicht nebeneinander in eine zuvor eingefettete feuerfeste Form schichten. Aus der Butter, dem Mehl und der Milch eine Béchamelsauce zubereiten und die passierten Tomaten dazugeben, die Sauce färbt sich dann rosa. Großzügig über die Omeletts gießen, mit Parmesan bestreuen und alles im vorgeheizten Backofen bei 180 °C ungefähr ¼ Stunde überbacken. Heiß servieren.

WEINEMPFEHLUNG: *Santa Cristina Rosso Toscana IGT*

Fettuccine ai funghi porcini

Fettuccine mit Steinpilzsauce

Zutaten für 6 Portionen:

600 g Fettuccine all'uovo
500 g frische Steinpilze
1 Schalotte
1 Knoblauchzehe
125 ml Sahne
5 EL Olivenöl
3 EL geriebener Parmesan
2 Stämmchen kleinblütige Bergminze
(*nipitella*, ersatzweise Majoran)
Salz, Pfeffer

Die Steinpilze mit einem kleinen, scharfen Messer und einer Bürste putzen (nach Möglichkeit nicht waschen). Die Stiele abtrennen und würfeln, die Hüte beiseitelegen.
Die Schalotte in dünne Scheiben schneiden und mit der Knoblauchzehe (im Ganzen) in einer Pfanne anschwitzen. Die gewürfelten Steinpilz-Stiele und die Minze (im Ganzen) dazugeben und bei mittlerer Hitze ca. 10 Minuten dünsten.
Die Pilzhüte in Scheiben schneiden und im übrigen Olivenöl in einer zweiten Pfanne scharf anbraten, dann in die Pfanne mit den Stielen geben, den Knoblauch und die Minze herausnehmen und die Sahne, den Parmesan sowie Salz und Pfeffer hinzufügen.
Die Nudeln in Salzwasser gut bissfest kochen und nur kurz in der Pfanne mit der Sauce schwenken. Sehr heiß servieren.

WEINEMPFEHLUNG: *Vino Nobile di Montepulciano DOCG La Braccesca*

Ribollita

Toskanische Gemüsesuppe

Zutaten für 6 Portionen:

1 Zwiebel
2 Karotten
½ Selleriestange
500 g Cannellini-Bohnen (über Nacht in kaltem Wasser eingeweicht)
½ kleiner Kopf Wirsing
400 g Mangold
400 g Schwarzkohl
500 g helles Landbrot (Toskanabrot, in Scheiben geschnitten)
2 EL Tomatenmark
250 g geschälte Tomaten
10 EL Olivenöl
1 ½ l Gemüsebrühe
2 EL grob gehackte Kräuter (Salbei, Rosmarin, Thymian und Basilikum)
Salz, Pfeffer

Die *ribollita* ist eine sehr dickflüssige, eher eintopfartige Suppe. Dafür das Gemüse waschen und klein schneiden, die Zwiebel fein hacken. In einem großen Topf (nach Möglichkeit aus Ton) die Zwiebel mit den Kräutern in der Hälfte des Olivenöls anschwitzen, dann das Tomatenmark, das Gemüse (bis auf die Tomaten) und die eingeweichten Bohnen dazugeben. Einige Minuten unter ständigem Rühren weiterdünsten, dann die geschälten Tomaten hinzufügen, die Brühe zugießen, mit Salz abschmecken und zugedeckt bei schwacher Hitze etwa 1 ½ Stunden köcheln lassen.
In einem zweiten Topf nun abwechselnd Suppe und Brotscheiben übereinanderschichten, bis alles aufgebraucht ist, und 2–3 Esslöffel Olivenöl hinzufügen.
Einige Minuten stehen lassen und vor dem Servieren noch einmal mit etwas Olivenöl und frisch gemahlenem Pfeffer abschmecken.

WEINEMPFEHLUNG: *Santa Cristina Rosso IGT*

Pasta e fagioli

Bohnensuppe mit Nudeln

Zutaten für 6 Portionen:

450 g Cannellini-Bohnen
1 dünne Scheibe Prosciuttoschwarte
1 kleine Kartoffel
1 mittelgroße rote Zwiebel
2 große Knoblauchzehen
4 EL Olivenöl
ca. 2 ½ l kaltes Wasser
ca. 450 g abgetropfte Tomaten aus der Dose
250 g gute italienische Nudeln (mittelgroße Conchiglie oder Lumaconi)
6 gehäufte TL frisch geriebener Parmesan
Salz, frisch gemahlener schwarzer Pfeffer

Die Bohnen über Nacht in Wasser einweichen, dann abgießen. Die Prosciuttoschwarte 2 Minuten in heißem Wasser kochen, dann mit kaltem Wasser abspülen und in kleine Stücke schneiden. Die Kartoffel schälen und klein würfeln.
Die Zwiebel und den Knoblauch grob hacken und mit dem Olivenöl in einem Suppentopf langsam goldbraun braten, dann die abgetropften Bohnen, die Kartoffel, das kalte Wasser, die Tomaten und die Schwartenstücke hinzufügen und zugedeckt etwa eine Dreiviertelstunde köcheln lassen (die Bohnen sollen weich, aber noch bissfest sein). Mit Salz und Pfeffer abschmecken, die Nudeln dazugeben und je nach Nudeltyp 9–12 Minuten bissfest kochen. 10 Minuten auskühlen lassen und mit Parmesan und frisch gemahlenem schwarzen Pfeffer bestreut servieren.

WEINEMPFEHLUNG: *Vie Cave Maremma Toscana IGT Fattoria Aldobrandesca*

Restaurants werden in der Toskana oft von Generation zu Genration weitergegeben. Auch die Rezepturen der Gerichte, die mit viel Liebe zubereitet werden, bleiben „in der Familie“. Man muss schon Stammgast sein und eine gewisse Beharrlichkeit an den Tag legen, um zu erfahren, welches Kraut eine Speise ganz besonders aromatisch macht …

Zuppa di lenticchie, cavolo nero e zucca

Suppe aus Linsen, Schwarzkohl und Kürbis

Zutaten für 6 Portionen:

400 g Linsen (vorzugsweise grüne oder hellbraune aus Castelluccio)
1 Bund Schwarzkohl (ca. 300 g)
1 Stück gelber Kürbis (ca. 400 g)
6 reife Kirschtomaten
2 Schalotten oder 1 mittelgroße Zwiebel
1 Knoblauchzehe
1 Karotte
1 Lorbeerblatt
1 Zweig Thymian
3 Salbeiblätter
etwas Peperoncino
1 gestrichener EL Zucker
8 EL Olivenöl
1 EL Curry
Salz, Pfeffer

Die Kräuter und die Schalotten fein hacken, die Karotte klein schneiden. In einer Sauteuse (möglichst aus Ton, es eignet sich aber auch eine Pfanne mit hohem Rand) die Kräuter, das Lorbeerblatt, die Schalotten, den Curry, den Peperoncino und die Karotte anbraten, dann die Linsen und die Kirschtomaten (im Ganzen) hinzufügen, salzen, pfeffern und alles noch einige Minuten weiterbraten. Heißes Wasser zugießen (die Linsen sollten etwa zwei Finger breit bedeckt sein).
Den Schwarzkohl bissfest kochen, abgießen (eine Tasse vom Kochwasser beiseitestellen) und grob zerkleinern.
Den Kürbis in Scheiben schneiden und im übrigen Öl (ca. 3 EL) mit der Knoblauchzehe (im Ganzen) leicht anbraten, bis er zart, aber noch fest ist. 10 Minuten, bevor die Linsen gar sind (Kochzeit etwa eine Stunde), den Schwarzkohl und den Kürbis zugeben. Eventuell mit etwas Zucker abschmecken. Sollte die Suppe zu dickflüssig sein, wenn sie vom Herd genommen wird, einfach mit dem Kochwasser des Kohls verlängern.

WEINEMPFEHLUNG: *Torcicoda Tormaresca Salento IGT*

Insalata tiepida di lenticchie

Lauwarmer Linsensalat

Zutaten für 6 Portionen:

300 g braune Linsen (vorzugsweise aus Castelluccio)
1 Fenchelknolle mit viel Grün
1 Karotte
½ Selleriestange
1 Schalotte
2 Lorbeerblätter

Für das Dressing:
½ TL Currypulver
1 EL Orangensaft
1 EL Zitronensaft
1 EL Balsamessig
5 EL Olivenöl
Salz, Pfeffer

Die Linsen zusammen mit der Karotte, der Sellerie, der Schalotte – alle drei fein gehackt – und den Lorbeerblättern in etwa 1½ l Wasser kochen, bis die Linsen zart, aber doch noch bissfest sind, dann abgießen.
Die Zutaten für das Dressing verquirlen und die Linsen damit marinieren.
Die Fenchelknolle erst vierteln, dann die Viertel quer in sehr dünne Scheiben schneiden. Die Linsen (warm oder lauwarm, aber nicht heiß) mit den Fenchelscheiben vermengen oder auf den Fenchelscheiben anrichten.
Das Fenchelkraut (noch besser: frisches Kraut vom wilden Fenchel) fein hacken und großzügig darüberstreuen.

Weinempfehlung: *Achelo La Braccesca Cortona DOC Syrah*

Pasticcio di colombaccio

Taubenpastete

Zutaten für 4 Portionen:

2 Ringeltauben
100 g Butter
200 ml Weißwein
400 ml Fleischbrühe
1 Karotte
1 Selleriestange
1 weiße Zwiebel
Salz, Pfeffer
2 Eier
500 ml Vin Santo
Salat der Saison

Karotte, Sellerie und Zwiebel fein hacken.
Die Tauben gut waschen, trocken tupfen, Innereien herausnehmen und beiseitelegen. Die Tauben ausbeinen und das Fleisch gemeinsam mit Karotte, Sellerie und Zwiebel anbraten. Mit Weißwein ablöschen und immer wieder etwas Brühe hinzufügen, salzen und pfeffern. Sobald die Sauce gut einreduziert ist, alles fein wolfen.
Die Innereien in Butter schmoren und im Standmixer zerkleinern. Die Innereien mit der Fleischmasse vermengen, Eigelb dazugeben und dann das zu Schnee geschlagene Eiweiß unterheben.
Feuerfeste Förmchen buttern, mit der Masse füllen und im Ofen bei 160 °C im Wasserbad 40 Minuten garen.
Mit Salat der Saison auf einer zuvor am Herd zubereiteten Reduktion aus Vin Santo anrichten.

Weinempfehlung: *Il Bruciato Bolgheri DOC*

Regen, Nässe und kalte Winde im Winter überziehen die Terracottaverzierungen an den Hauswänden erst mit der nötigen Patina. Selbst pausbäckige Engelsgesichter – sind sie erst einmal in die Jahre gekommen – erscheinen durch die Witterung gereift und weise ...

Gnocchi di semolino

Grießgnocchi aus dem Ofen

Zutaten für 4 Portionen:

1 l Milch
120 g Butter
Salz, frisch gemahlener schwarzer Pfeffer
frisch geriebene Muskatnuss
130 g sehr feiner Hartweizengrieß (in italienischen Feinkostläden erhältlich)
4 Eigelb
180 g frisch geriebener Parmesan

2 Esslöffel Milch beiseitestellen, die übrige Milch in einer Kasserolle erhitzen. Unmittelbar vor dem Aufwallen 4 Esslöffel Butter und jeweils eine Prise Salz, Pfeffer und Muskatnuss hinzufügen, dann unter ständigem Rühren langsam und stetig den Hartweizengrieß zufügen. Wenn der gesamte Grieß im Topf ist, sofort die Temperatur erhöhen, damit die entstandene Flüssigkeit möglichst rasch den Siedepunkt erreicht (vermindert Klümpchenbildung). Die Hitze reduzieren und die Masse 15–20 Minuten unter ständigem Rühren köcheln lassen, bis sie glatt und homogen ist, dann vom Herd nehmen und 10 Minuten auskühlen lassen.
Die Eigelb mit 2 Esslöffel kalter Milch verquirlen, zur Grießmasse geben, die Hälfte des Parmesans hinzufügen und weiterrühren, damit das Gemisch nicht kleben bleibt.
Eine Marmor- oder Resopalplatte einfetten, die Grießmasse daraufstürzen, mit Hilfe eines in warmes Wasser getauchten Spatelmessers zu einer gut 1 cm dicken Teigplatte verstreichen und diese etwa 1 ½ Stunden ruhen lassen.
Währenddessen die übrige Butter in einem Topf schmelzen und den Backofen auf 200 °C vorheizen.
Aus der Grießmasse mit einer runden Keksform (ca. 5 cm Durchmesser) Scheiben ausstechen und diese in eine gebutterte feuerfeste Form schichten, dann etwas flüssige Butter und ein wenig vom restlichen Parmesan darüber verteilen. Weitere Lagen aus Grießscheiben, Butter und Parmesan daraufschichten, mit Grießscheiben abschließen.
Die Form in den vorgeheizten Ofen schieben und das Gericht überbacken, bis es sich an der Oberfläche goldbraun färbt (25–30 Minuten). Mit Parmesan bestreuen und heiß servieren.

WEINEMPFEHLUNG: *Néprica Tormaresca Rosso Puglia IGT*

Secondi

Asparagi alla fiorentina

Spargel nach Florentiner Art

Zutaten für 4 Portionen:

4 Eier
ca. 1,4 kg grüner Spargel
grob gemahlenes Salz
170 g Butter
Salz, frisch gemahlener schwarzer Pfeffer
50 g geriebener Parmesan

Die Eier mindestens 1 Stunde vor Verwendung aus dem Kühlschrank nehmen.
Die Spargel gut abspülen und den hellen (evtl. holzigen) Teil entfernen. Die Spargel mit Küchengarn bündeln (Spitzen auf gleicher Höhe), dann die Enden mit einem Messer auf gleiche Länge schneiden.
Das Bündel mit den Spitzen nach oben in einen großen Suppentopf oder einen Spargeltopf geben und so viel kaltes Wasser zugießen, dass nur die unteren Enden bedeckt sind, dann zudecken, das Wasser zum Kochen bringen, Salz hinzufügen, die Hitze reduzieren und je nach Größe der Spargel bis zu 20 Minuten zugedeckt köcheln lassen.
Die gekochten Spargel auf ein Brett legen und das Garn lösen.
In einer großen Bratpfanne die Butter schmelzen und den Spargel 6–7 Minuten vorsichtig darin wenden, dann den geriebenen Parmesan darüberstreuen, salzen, pfeffern und eine Minute unter weiterem vorsichtigen Wenden fertig garen.
Nun den Spargel aus der Bratpfanne heben (die Butter in der Pfanne lassen) und auf einem Servierteller anordnen. Den Teller an einen warmen Ort stellen.
Die vom Braten des Spargels in der Pfanne verbliebene Butter erhitzen. Ein Ei aufschlagen und das Eiweiß vorsichtig in die Pfanne gleiten lassen, das Eigelb in der Schale lassen. Mit den weiteren Eiern wiederholen und dabei darauf achten, dass die Eiweiße nicht ineinanderfließen.
Salzen und ein Eigelb auf jedes Eiweiß platzieren. Jedes Eigelb mit Pfeffer bestreuen, dann die Pfanne zudecken und die Eier etwa 4 Minuten stocken lassen.
Die Eier neben den Spargel legen, etwas frisch gemahlenen Pfeffer darüberstreuen und sofort servieren.

WEINEMPFEHLUNG: *Conte della Vipera Umbria IGT*

Zucchini ripieni

Gefüllte Zucchini

Zutaten für 6 Portionen:

6 Zucchini
200 g Thunfisch aus der Dose (abgetropft)
1 kleine Zwiebel
1 Tasse in Gemüsebrühe eingeweichtes und gut ausgedrücktes Brot
1 Ei
3 EL geriebener Parmesan
1 EL gehackte Petersilie
5 EL Olivenöl
Salz, Pfeffer

Den Backofen auf 200 °C vorheizen.
Die Zucchini waschen, die Enden abschneiden und der Länge nach halbieren. Die Hälften aushöhlen (es entstehen Schiffchen), das Innere beiseitestellen. Die Zucchinihälften 3 Minuten blanchieren und gut abtropfen lassen.
Die Zwiebel fein hacken. Das Zucchinifleisch in kleine Stücke schneiden und mit der Zwiebel in einer Pfanne mit Olivenöl 10 Minuten anbraten.
Das Ei verquirlen. Das eingeweichte Brot und den abgetropften Thunfisch zum Zwiebel-Zucchini-Gemisch geben, die Pfanne vom Herd nehmen und den Parmesan, die Petersilie sowie das verquirlte Ei untermengen, salzen und pfeffern.
Die Zucchini-Schiffchen mit der Masse füllen und im Backofen bei 200 °C etwa ½ Stunde überbacken.

WEINEMPFEHLUNG: *Dolcetto d'Alba DOC Prunotto*

Sogliola alla livornese

Seezunge nach Livorneser Art

Zutaten für 4 Portionen:

4 kleine Seezungen im Ganzen
grobkörniges Salz
10 Stämmchen Petersilie
2 große Knoblauchzehen
1 kleine Selleriestange
6 EL Olivenöl
ca. 500 g sehr reife Tomaten oder
500 g abgetropfte geschälte Tomaten
aus der Dose
1 großzügige Prise Peperoncino
Salz, frisch gemahlener Pfeffer

Die Seezungen gut putzen und mit Salzwasser abspülen. Die Petersilie, den Knoblauch und die Sellerie fein hacken und mit etwas Olivenöl etwa 10 Minuten in einer Bratpfanne anschwitzen. Die Tomaten durch die Passiermaschine (den Einsatz mit den kleinsten Löchern verwenden) in die Bratpfanne passieren. Mit Salz und Pfeffer abschmecken und weitere 10 Minuten garen lassen, dann alle festen Zutaten aus der Pfanne heben (oder abseihen) und beiseitestellen.
Die übrigen 3 Esslöffel Olivenöl dem flüssigen Pfanneninhalt beigeben; wenn das Öl heiß ist, die Seezungen im Ganzen in die Pfanne legen, mit Salz, frisch gemahlenem Pfeffer und Peperoncino bestreuen und 1 Minute braten.
Die Seezungen mit den zuvor beiseite gestellten festen Zutaten bestreuen und zugedeckt etwa 16 Minuten garen (nach etwa 8 Minuten wenden).
Sehr heiß servieren.

WEINEMPFEHLUNG: *Tormaresca Chardonnay Puglia IGT*

Das Rot der Ziegeldächer und die weißen Steinmauern der toskanischen Landhäuser bilden mit dem tiefen Grün der Zypressen ein reizvolles Farbenspiel, von dem jeder Reisende schwärmt, der die mittelitalienische Region jemals besucht hat.

Totani in zimino

Geschmorter Tintenfisch mit grünem Gemüse in Tomatensauce

Zutaten für 4 Portionen:

10 Knoblauchzehen
2 rote Peperoncini
400 g Tintenfische (Pfeilkalmare)
2 Gläser Weißwein
½ Glas Essig
¼ l Olivenöl
200 g gekochter Blattspinat
1 EL Tomatenmark
200 g geschälte und passierte Tomaten
ca. ¼ l Gemüsebrühe
Salz, Pfeffer

Knoblauch und Peperoncini fein hacken und in Öl in einer Kasserolle goldbraun braten.
Die Tintenfische putzen, waschen, in Ringe schneiden und in mit dem Essig versetzten Wasser 10 Minuten kochen (Kochwasser nicht wegschütten), dann aus dem Topf nehmen und zum Knoblauch-Peperoncini-Gemisch in die Kasserolle geben. Den Weißwein zugießen, weiterkochen und einreduzieren lassen. Danach das Kochwasser der Tintenfische dazugeben und wiederum einreduzieren lassen (etwa 1 Stunde), etwas Wasser, das Tomatenmark und die passierten Tomaten hinzufügen, weiters 2 Schöpflöffel Brühe beigeben.
Währenddessen den gekochten Spinat schneiden und mit Öl, etwas Knoblauch, Salz und Pfeffer in einer Pfanne schwenken. Wenn die Tintenfische gar sind, alles gefällig übereinander anrichten und servieren.

WEINEMPFEHLUNG: *Cervaro della Sala Umbria IGT*

Baccalà alla livornese

Stockfisch nach Livorneser Art

Zutaten für 6–8 Portionen:

2 kg Stockfisch
100 g Mehl
1½ kg Tomaten
1 Sträußchen Basilikum oder Petersilie
2 Knoblauchzehen
1 mittelgroße Zwiebel
Salz, Pfeffer
Olivenöl

Den Stockfisch über Nacht in Wasser einweichen, in 5 x 4 cm große Stücke schneiden, diese in Mehl wenden und einige Minuten lang auf beiden Seiten in heißem Olivenöl frittieren, dann herausnehmen und auf Küchenkrepp abtropfen lassen. Währenddessen Zwiebel und Knoblauch fein hacken und anschwitzen. Wenn die Zwiebel goldbraun ist, die zuvor entkernten und gehäuteten Tomaten beigeben. Nach Belieben salzen und pfeffern. Die Sauce etwas einreduzieren lassen, dann den Stockfisch beigeben und alles etwa 15 Minuten köcheln lassen. Zum Schluss noch das fein gehackte Basilikum bzw. die fein gehackte Petersilie unterrühren.

WEINEMPFEHLUNG: *Bramito del Cervo Umbria IGT*

Wasserbecken und Brunnen mit Steinumfassungen sorgen in toskanischen Gärten auch in glühend heißen Sommern für einen Hauch von Kühle und dafür, dass das üppige Grün und die Blütenpracht auch während längerer Trockenperioden erhalten bleiben.

Galletto al Chianti

Hühnchen in Chiantisauce

Zutaten für 6 Portionen:

ca. 1 ½ kg Hühnerteile
3 EL Olivenöl
4 große Knoblauchzehen
2 EL frisch gehackter Rosmarin
2 EL frischer Salbei
4 Gläser trockener Rotwein (ca. 500 ml)
60 ml Rotweinessig
1 EL Mehl
Salz, Pfeffer
etwas gehackte Petersilie

Hühnerteile abspülen und trocken tupfen. Mit Salz und Pfeffer würzen. Die Stücke in 2 oder mehr Partien in einer Kasserolle bei mittlerer Hitze in etwas Olivenöl auf allen Seiten gut anbräunen, herausnehmen und beiseitestellen. Das Bratenfett bis auf 1 Esslöffel abgießen. Den Knoblauch in Scheibchen schneiden, mit dem Rosmarin und dem Salbei in die Kasserolle geben und darin etwa 3 Minuten anschwitzen. Das Fleisch wieder in die Kasserolle geben, mit dem Rotwein und dem Weinessig ablöschen, Hitze reduzieren und halb zugedeckt köcheln lassen, bis das Hühnchen zart und das Fleisch am Knochen nicht mehr rosa ist (etwa ½ Stunde; das Fleisch zur Kontrolle anschneiden). Die Hühnerteile aus der Kasserolle nehmen und warm stellen.
In einer kleinen Schüssel etwa 4 Esslöffel Bratensauce mit Mehl, Salz und Pfeffer glatt verquirlen, in die Kasserolle einrühren und bei mittlerer bis großer Hitze gut einreduzieren, bis die Sauce sämig ist (etwa 5–10 Minuten). Das Fleisch wieder in die Kasserolle geben und noch einmal erwärmen. Vor dem Servieren mit etwas Petersilie bestreuen.

WEINEMPFEHLUNG: *Badia a Passignano Chianti Classico DOCG Riserva*

Coniglio al profumo di rosmarino

Kaninchen mit Rosmarin

Zutaten für 6–8 Portionen:

2 kg Kaninchen
1 Zwiebel
50 g Butter
100 ml Olivenöl
2 Knoblauchzehen
2 Sträußchen Rosmarin
200 ml Wein (Santa Cristina)
2 EL Tomatenmark
Salz, Pfeffer

Die gehackte Zwiebel und die beiden Rosmarinsträußchen in einer breiten Kasserolle mit Öl und Butter andünsten; dann das in mittelgroße Stücke zerteilte Kaninchen und die Knoblauchzehen (im Ganzen) dazugeben. Die Kaninchenteile vorsichtig anbraten; Salz, Pfeffer und Tomatenmark hinzufügen. Wenn das Fleisch eine gute Farbe angenommen hat, mit Wein ablöschen und bei sehr schwacher Hitze garen lassen. Wenn zu viel Flüssigkeit verdampft, Wasser zugießen (nicht zu viel, damit die Sauce nicht zu dünnflüssig wird).

WEINEMPFEHLUNG: *Pinot Nero Umbria IGT Castello della Sala*

Wer die Toskana im Frühling bereist, wird die sanften Hügel und Felder mit einem Teppich von zarten Blüten bedeckt finden. Die jungen Kräuter und Gemüse sorgen in dieser Jahreszeit für frische Aromen in der Küche.

Involtini di vitello ai carciofi

Kalbsrouladen mit Artischocken

Zutaten für 6 Portionen:

12 dünne Kalbsschnitzel
3 zarte Artischocken
4 EL feine Parmesanspäne
2 kleine Zwiebeln
50 g Butter
250 ml Weißwein
1 EL gehackte Petersilie
1 EL gehacktes Basilikum
2 EL Mehl
Salz, Pfeffer
Zahnstocher

Die Artischocken putzen (die äußeren harten Blätter entfernen) und vierteln. Auf jedes Schnitzel ein Artischockenstück legen und mit einigen Parmesanspänen bestreuen. Die Schnitzel einrollen, mit Zahnstochern fixieren und mit etwas Mehl bestäuben. Die Zwiebeln fein hacken. In einer Pfanne etwas Butter erhitzen und die Rouladen mit den Zwiebeln darin anbraten.
Mit dem Wein ablöschen, mit Salz und Pfeffer abschmecken und zugedeckt bei mittlerer Hitze etwa ½ Stunde köcheln lassen (wenn nötig, etwas Wasser zugießen). Gegen Ende der Garzeit die gehackten Kräuter dazugeben.
Die Rouladen mit ihrer Sauce auf einer Platte anrichten und servieren.

WEINEMPFEHLUNG: *Bramasole Cortona DOC Syrah*

Agnello in fricassea

Lammfrikassee

Zutaten für 6 Portionen:

800 g mageres Lammfleisch
1 Schalotte
1 Knoblauchzehe
125 ml Weißwein
250 ml Sahne
2 Eigelb
3 EL Zitronensaft
250 ml Gemüsebrühe
1 EL gehackte Petersilie
1 EL gehackte Minze
4 EL Olivenöl
Salz, Pfeffer

Das Lammfleisch in Würfel schneiden, die Schalotte fein hacken und in einer Pfanne mit der Knoblauchzehe (im Ganzen) in Olivenöl goldbraun braten.
Mit dem Weißwein ablöschen, einkochen lassen und salzen, dann die Brühe zugießen und bei schwacher Hitze zugedeckt schmoren, bis das Fleisch sehr weich ist (etwa 1 Stunde).
In einer Schüssel die 2 Eigelb mit der Sahne, den Kräutern, dem Zitronensaft sowie Salz und Pfeffer verquirlen, zum Fleisch geben und 2 Minuten lang gut in die Sauce einrühren.
Vom Herd nehmen und heiß servieren.
Dazu passen frische Erbsen.

WEINEMPFEHLUNG: *Bocca di Lupo Tormaresca Castel del Monte DOC*

Insalata di pesce con fagioli sgranati

Scampi-Salat mit weißen Bohnen

Zutaten für 6 Portionen:

500 g weiße Bohnen
500 g Scampi
1 Bund Petersilie
1 Zweig Rosmarin
100 ml Olivenöl
1 Zitrone
2 Knoblauchzehen
Salz, schwarzer Pfeffer aus der Mühle

Die Bohnen mit den Knoblauchzehen (im Ganzen) und dem Rosmarinzweig in Salzwasser weich kochen, anschließend abgießen. Die Scampi waschen und einige Sekunden blanchieren, damit sich das Fleisch gut von der Schale löst.
Aus dem Öl, dem Zitronensaft sowie dem Salz und dem frisch gemahlenen schwarzen Pfeffer ein Dressing zubereiten, Bohnen und Scampi damit marinieren. Warm servieren.

WEINEMPFEHLUNG: *Cervaro della Sala Umbria IGT*

Besonders eindrucksvoll erscheint die toskanische Landschaft kurz vor einem Sommergewitter. Die letzten durch die sich türmenden Wolken dringenden Sonnenstrahlen werfen dramatische Streiflichter auf die tief grünen Hügel.

Baccalà in zimino

Stockfisch mit grünem Gemüse in Tomatensauce

Zutaten für 12 Portionen:

2 kg Stockfisch (eingeweicht)
400 g Lauch
500 g Mangold
1 mittelgroße Zwiebel
1 Knoblauchzehe
500 g feste, reife Tomaten
50 ml Olivenöl
Peperoncino nach Belieben
Salz, Zucker

Den Mangold kurz blanchieren und gut abtropfen lassen. Die Tomaten ebenfalls blanchieren, häuten, in Scheiben schneiden und diese mit Salz und Zucker in ein Sieb einlegen, damit sie Flüssigkeit abgeben. Den Lauch waschen, die Zwiebel schälen und beides in feine Scheiben schneiden. Den Stockfisch für etwa 10 Minuten kochen, entgräten und in Stücke schneiden. Lauch- und Zwiebelscheiben und die Knoblauchzehe (im Ganzen) mit dem Öl und etwas Peperoncino in einer Pfanne anschwitzen, bei Bedarf etwas Wasser zugießen. Den zerkleinerten Mangold und nach weiteren 5 Minuten den Stockfisch dazugeben. Einige Minuten lang ziehen lassen, die Tomaten hinzufügen und nach 5 Minuten vom Herd nehmen. Die Knoblauchzehe entfernen, Stockfisch und Gemüse anrichten und sehr heiß servieren.

WEINEMPFEHLUNG: *Pietrabianca Tormaresca Castel del Monte DOC Chardonnay*

Carpaccio di pollo in salsa aromatica all'acciuga

Carpaccio vom Huhn in Sardellen-Kräutersauce

Zutaten für 6 Portionen:

1 Hühnerbrust (ca. 500 g)
100 g Lauch
Saft einer Zitrone
3 Lorbeerblätter
1 Selleriestange
100 ml Weißwein
2 Tassen Wasser

Für die Sauce:
3 Sardellenfilets
1 EL in Salz eingelegte Kapern (mit Wasser abspülen)
1 TL Senf
2 Eigelb
1 TL Zitronenschale
1 Handvoll Petersilie
4–5 Sellerieblätter
6 EL Olivenöl
Salz, Pfeffer
Zitronenzesten zum Garnieren

Die Selleriestange in grobe Stücke und den Lauch klein schneiden. Die Hühnerbrust im Ganzen mit allen Zutaten in eine Kasserolle geben (die Flüssigkeit sollte das Fleisch gerade bedecken). Zum Kochen bringen, nach 6 Minuten den Herd abdrehen und die Hühnerbrust in der Kochflüssigkeit auskühlen lassen.
Für die Sauce sämtliche Zutaten im Standmixer zerkleinern und vermischen. Die Hühnerbrust aus dem Sud nehmen, dünn aufschneiden und mit reichlich Sauce und einigen Zitronenzesten garniert anrichten.

Weinempfehlung: *Cervaro della Sala Umbria IGT*

Roastbeef al pesto di erbe aromatiche

Kaltes Roastbeef mit Kräuterpesto

Zutaten für 12 Portionen:

kaltes Roastbeef, dünn geschnitten
2 Tassen gehackte Kräuter, bestehend aus: 6 Teilen Basilikum, 2 Teilen Petersilie, 1 Teil Minze, 1 Teil Stangensellerie
1 EL Pinienkerne
¼ Knoblauchzehe
1 TL Senf
10 EL Olivenöl
1 EL Zitronensaft
1 Prise Zucker
Salz, Pfeffer
Parmesanspäne

Die Kräuter mit dem Knoblauch und den Pinienkernen im Mixer zerkleinern. Senf, Öl, Zitronensaft, Salz, Pfeffer und Zucker hinzufügen. Die dünn geschnittenen, kalten Roastbeefscheiben mit der Sauce anrichten und großzügig mit Parmesanspänen bestreuen.

WEINEMPFEHLUNG: *Santa Cristina Le Maestrelle Toscana IGT*

Rund 5500 Olivenbäume wachsen auf dem Gebiet des Gutes Pèppoli, das etwa 5 Kilometer nordöstlich von Tignanello liegt. Jahr für Jahr werden die Früchte dieser Bäume zu einem leuchtend grünen, besonders harmonisch schmeckenden Öl verarbeitet.

Terrina di carciofi alla parmigiana

Artischockenterrine mit Parmesan

Zutaten für 12 Portionen:

12 Artischocken
600 g Mozzarella
200 g geriebener Parmesan
Mehl zum Bestäuben
Olivenöl zum Frittieren
Salz, Pfeffer

Die gut geputzten und von den härteren Blättern befreiten Artischocken in dünne Scheiben schneiden, mit Mehl bestäuben und in heißem Öl frittieren, bis sie goldbraun sind. Überschüssiges Fett abgießen.
Mozzarella in Scheiben schneiden. Die Artischocken abwechselnd mit dem Parmesan und den Mozzarellascheiben in kleine feuerfeste Formen schichten, salzen und pfeffern. Abschließend mit reichlich geriebenem Parmesan bestreuen und 5–6 Minuten bei 170 °C im Ofen gratinieren.

Pollo alla fiorentina

Hühnchen nach Florentiner Art

Zutaten für 6 Portionen:

1 Hühnchen (ca. 2 kg)
4 kleine Zwiebeln
250 ml Weißwein
4 EL Olivenöl
1 EL Rosmarinnadeln
125 ml Gemüsebrühe
Salz, Pfeffer
½ TL geriebene Zitronenschale

Das Huhn in 8 Stücke zerteilen und mit Salz und Pfeffer einreiben, die Zwiebeln in Scheiben schneiden. Die Fleischstücke mit dem Olivenöl in einer Pfanne anbraten, bis sie an der Unterseite schön goldbraun sind, dann wenden, die Zwiebeln und den gehackten Rosmarin hinzufügen und noch einige Minuten weiterbraten. Mit Weißwein ablöschen, die Gemüsebrühe zugießen, zum Kochen bringen und dann bei mittlerer Hitze zugedeckt etwa 40 Minuten köcheln lassen.
Vor dem Servieren mit der geriebenen Zitronenschale abschmecken und mit Rosmarinzweigen garnieren.

Flan di cavolo nero con salsa di cannellini

Schwarzkohlauflauf mit Cannellini-Bohnensauce

Zutaten für 12 Portionen:

2 Bund Schwarzkohl
20 EL Béchamelsauce (500 ml Milch, 40 g Mehl, 40 g Butter, Salz)
10 EL Parmesan
8 Eier
1 Knoblauchzehe
1 kleine Zwiebel
16 EL Cannellini-Bohnen zum Passieren und einige Bohnen im Ganzen zum Garnieren
Salbei
Rosmarin
Olivenöl
Salz, Pfeffer
Tomatenwürfel zum Garnieren

Die Bohnen kochen und etwas Kochwasser aufbewahren. Währenddessen die Béchamelsauce zubereiten: Aus Butter und Mehl eine Mehlschwitze zubereiten, nach und nach die heiße Milch zugießen, bis sie aufgebraucht ist, dabei gut umrühren. Salz zufügen und 7–8 Minuten bei geringer Hitze köcheln lassen.
Die Schwarzkohlblätter blanchieren. 12 Auflaufförmchen einfetten und mit einigen Blättern auslegen. Den übrigen Kohl mit ein wenig Knoblauch hacken, 3 Esslöffel Olivenöl zufügen und mit der Béchamelsauce, dem Parmesan und den Eiern vermengen. Mit Salz und Pfeffer abschmecken und die Masse in die Förmchen füllen. Im Ofen bei 200 °C ca. 15 Minuten im Wasserbad garen. Die Zwiebel mit der Knoblauchzehe (im Ganzen), dem Salbei und dem Rosmarin (beides gehackt) in Olivenöl anschwitzen. Die Bohnen hinzufügen und einige Minuten lang ziehen lassen, dann den Knoblauch herausnehmen und die Bohnen passieren, eventuell mit etwas Kochwasser der Bohnen verdünnen. Einige Esslöffel passierte Bohnen sowie einige ganze Bohnen und die gestürzten Aufläufe auf Tellern anrichten. Mit einem Schuss Olivenöl und 2–3 Tomatenwürfeln garniert servieren.

WEINEMPFEHLUNG: *Pian delle Vigne Brunello di Montalcino DOCG*

Anatra ripiena

Gefüllte Ente

Zutaten für 6–8 Portionen:

1 Ente (ca. 1½ kg)
400 g Hackfleisch (Kalb und Schwein gemischt)
100 g Kochschinken
100 g Parmesan
1 Zwiebel
1 Zweig Rosmarin
3 Eigelb
100 ml Olivenöl
50 g Butter
2 EL Tomatenmark
Fleischbrühe
200 ml Rotwein
(Tenute Marchese Antinori)
50 ml Milch
Salz, Pfeffer
Muskatnuss
Schweinenetz

Für die Füllung die Hälfte der gehackten Zwiebel in etwas Butter anschwitzen, dann mit dem Hackfleisch, dem gehackten Kochschinken, dem geriebenen Parmesan, Salz, Pfeffer, Muskatnuss, den Eigelb und der Milch zu einer weichen, kompakten Masse verarbeiten.
Die Ente ausbeinen, mit der Masse füllen und fest mit dem Schweinenetz umwickeln.
Den übrigen Zwiebel fein gehackt in einer Kasserolle mit Öl, Butter und gehacktem Rosmarin andünsten. Die Ente dazugeben und rundherum scharf anbraten. Mit dem Rotwein und dem darin aufgelösten Tomatenmark ablöschen. Immer wieder Brühe zugießen, bis die Ente gar ist. In nicht zu dünne Scheiben schneiden, evtl. mit geschmorten Schalotten und frischem Rosmarin garnieren und servieren.

WEINEMPFEHLUNG: *Tignanello Toscana IGT*

Petto di tacchino ripieno

Gefüllte Truthahnbrust

Zutaten für 8 Portionen:

ca. 1 ½ kg entbeinte Truthahnbrust
1 Ei
80 g gehäutete Salsiccia
ca. 100 g Hackfleisch vom Kalb
50 g geriebener Parmesan
½ TL grob gestampfte Fenchelsamen
2 EL Olivenöl
4 Gläser Wein (ca. 500 ml)
Küchengarn

Die Truthahnbrust abspülen, trocken tupfen, mit der Haut nach unten auf ein Brett legen, vom dicksten Teil gute 200 g wegschneiden und klein würfeln. In einer ausreichend großen Schüssel das Ei verquirlen, die Würste aus ihrer Haut drücken und dazugeben, das gewürfelte Fleisch, das Hackfleisch, den Parmesan und die Fenchelsamen hinzufügen, alles gut vermengen und die Truthahnbrust mit der Masse bestreichen. Vom kurzen Ende her aufrollen und die Enden mit Küchengarn gut zusammenbinden.
Den Backofen auf 175 °C vorheizen.
Die Truthahnbrust in einer tiefen feuerfesten Form bei mittlerer bis starker Hitze unter vorsichtigem Wenden rundherum gut anbräunen. Mit Wein ablöschen und im vorgeheizten Ofen zugedeckt etwa 1 ½ Stunden garen, bis das Fleisch zart ist (die Kerntemperatur sollte ungefähr 82 °C betragen). Den Braten auf eine Servierplatte legen und leicht zugedeckt etwa 10 Minuten ruhen lassen. Währenddessen das Fett der Sauce abschöpfen und die Sauce bei starker Hitze einreduzieren (es sollten etwa 240 ml übrig bleiben). Das Küchengarn lösen, den Braten in nicht zu dünne Scheiben schneiden, mit etwas Sauce übergießen und heiß servieren.

WEINEMPFEHLUNG: *Achelo La Braccesca Cortona DOC Syrah*

Arista in crosta di pane alle erbe

Gebratener Schweinerücken in Kräuter-Brotkruste

Zutaten für 6 Portionen:

1 kg Schweinerücken
4 nicht zu dünne entrindete Brotscheiben
2 EL Kräutermischung (Salbei, Rosmarin, Thymian, Petersilie)
½–1 Knoblauchzehe
2 Eigelb
1 EL frisch geriebener Parmesan
5 EL Olivenöl
125 ml Wasser
1 EL Balsamessig
etwas Brühe
Salz, Pfeffer

Den Backofen auf 180 °C vorheizen.
Das Brot mit den Kräutern, dem Parmesan, dem Knoblauch sowie Salz und Pfeffer im Mixer zerkleinern, dann 1 Esslöffel Olivenöl und die Eigelb hinzufügen.
Den Braten mit dieser Masse fest umhüllen und ihn mit dem übrigen Olivenöl, dem Wasser und dem Balsamessig in eine ausreichend große feuerfeste Form geben. Etwa 1 ½ Stunden im Ofen braten. Den Fond mit etwas Brühe ablöschen.
Den Braten in nicht zu dünne Scheiben schneiden, mit einem großen Löffel der gut einreduzierten Sauce übergießen und servieren.

WEINEMPFEHLUNG: *Guado al Tasso Bolgheri DOC Superiore*

Ein schneller Espresso am Vormittag, mittags ein kleiner Happen oder am frühen Abend ein kühles Glas Weißwein – die Bar ist der heilige Ort der Italiener: Man trifft einander, genießt und tauscht Neuigkeiten aus.

Spezzatino della cantinetta con patate

Kalbsfrikassee Cantinetta mit Kartoffeln

Zutaten für 6 Portionen:

Für das Frikassee:
1 kg Kalbfleisch
2 Zwiebeln
1 Handvoll getrocknete Steinpilze (eingeweicht und ausgedrückt)
500 ml Rotwein
250 g geschälte Tomaten
1 EL Tomatenmark
250 ml Fleischbrühe
½ EL gehackter Salbei
½ EL gehackter Rosmarin
1 EL gehacktes Basilikum
6 EL Olivenöl
Salz, Pfeffer

Für die geschmorten Kartoffeln:
6 mittelgroße Kartoffeln
1 Knoblauchzehe
60 g Schweineschmalz
250 g geschälte Tomaten
1 EL Tomatenmark
250 ml Gemüsebrühe
½ EL gehackter Thymian
½ EL gehackter Rosmarin

Für das Frikassee die Zwiebeln fein hacken. Das Fleisch in grobe Würfel schneiden und mit den Zwiebeln, dem Salbei und dem Rosmarin in einer Pfanne mit Olivenöl anbraten. Die Pilze und das Tomatenmark hinzufügen, dann mit dem Rotwein ablöschen und etwa 4 Minuten einkochen lassen. Die geschälten Tomaten, die Brühe und das Basilikum dazugeben, mit Salz und Pfeffer abschmecken und zugedeckt bei schwacher Hitze köcheln lassen, bis das Fleisch weich wird (etwa 1½ Stunden).
Die Kartoffeln schälen und in Stücke schneiden. In einer Pfanne die Knoblauchzehe (im Ganzen) und die Kräuter in Schweineschmalz anschwitzen, dann das Tomatenmark, die geschälten Tomaten und zum Schluss die Kartoffeln hinzufügen. Salzen, die Brühe zugießen und bei mittlerer Hitze etwa 30 Minuten köcheln lassen.
Das Frikassee zusammen mit den Kartoffeln servieren.

WEINEMPFEHLUNG: *Santa Pia La Braccesca Vino Nobile di Montepulciano DOCG*

Arrosto di vitello in crosta croccante

Kalbsbraten in Kräuter-Brotkruste

Zutaten für 8 Portionen:

2 kg Kalbfleisch von der Keule
(*girello di vitello*)
6 dickere Scheiben entrindetes Weißbrot
6 Salbeiblätter
1 Zweig Rosmarin
1 Zweig Thymian
1 Handvoll Petersilie
½ Knoblauchzehe
2 EL Parmesan
2 Eigelb
6 EL Olivenöl
60 g Butter
100 ml Wasser
100 ml Weißwein
1 EL Balsamessig
200 ml Fleischbrühe
1 Handvoll getrocknete Pilze
Salz, Pfeffer

Das Fleisch salzen. Das Brot mit den Kräutern, dem Parmesan, Knoblauch sowie Salz und Pfeffer im Mixer zerkleinern.
2 Esslöffel Öl und die 2 Eigelb hinzufügen. Den Braten mit dieser Masse fest umhüllen und zusammen mit dem übrigen Öl, der Butter, Wasser, Wein und Balsamessig in eine ausreichend große feuerfeste Form geben. Etwa 2 ¼ Stunden bei 170 °C im Ofen braten. Den Fond eventuell mit etwas Brühe verlängern, nach Wunsch eine Handvoll getrockneter und gehackter Pilze dazugeben (Pilze vorher blanchieren) und mit einem Stückchen Butter verfeinern. Den Braten dünn geschnitten mit der gut einreduzierten Sauce servieren.
Als Beilage eignen sich Artischocken (mit etwas Knoblauch und Butter in der Pfanne gegart).

WEINEMPFEHLUNG: *Tignanello Toscana IGT*

Girello ai carciofi

Kalbsschmorbraten mit Artischocken

Zutaten für 8 Portionen:

2 kg Kalbfleisch von der Keule
(*girello di vitello*)
¾ l Weißwein
100 g Butter
8 Artischocken
6 Sardellenfilets
2 Schalotten
Salz, Pfeffer
Zitronenzesten

Das Fleisch in einem ausreichend großen Topf in der Butter anbraten, bis es Farbe nimmt, dann die gehackten Schalotten, die Sardellenfilets und den Wein zugeben. Den Topf zudecken und Temperatur reduzieren. Die Artischocken putzen, in Scheiben schneiden und nach etwa einer Stunde Garzeit zum Fleisch geben, dann alles noch eine Stunde schmoren lassen, bis die Sauce gut einreduziert ist. Mit Salz und Pfeffer abschmecken. Den nicht zu fein geschnittenen Braten in seiner Sauce und mit Zitronenzesten bestreut servieren. Als Beilage eignet sich Erbsen- oder Kartoffelpüree.

WEINEMPFEHLUNG: *Vie Cave Maremma Toscana IGT*

Zitronen bringen Frische in die Küche – das weiß man auch in der Toskana: Seit dem 15. Jahrhundert widmeten sich Adelige der Zucht einer besonders robusten Sorte, die vom Frühjahr bis in den Herbst hinein blüht. Auf den Bäumen hängen aus diesem Grund Früchte in verschiedensten Reifestadien nebeneinander.

Braciole fritte

Italienische Kalbskoteletts

Zutaten für 4 Portionen:

4 Kalbskoteletts (ca. 350 g) oder dünne Rinderschnitzel (z.B. aus der Lende)
2 Eier
Salz
60 g feine Semmelbrösel (Paniermehl)
ca. 500 ml Pflanzenöl zum Ausbacken (z. B. Erdnussöl)
Zitronenspalten

Zwei Bögen Backpapier befeuchten, die Koteletts dazwischen legen und mit einem Fleischhammer klopfen, bis sie etwa 5 mm dick sind.
Die Eier mit einer Prise Salz in einer großen Schüssel verquirlen. Die Koteletts einzeln in Ei wenden (sie sollten gut damit bedeckt sein) und 1 Stunde darin liegen lassen.
Die Semmelbrösel auf ein Brett streuen. Die Koteletts beidseitig panieren; die Semmelbrösel mit den Fingern gut andrücken, damit sie auch an der jeweils anderen Seite haften.
Das Öl in einer Bratpfanne erhitzen. Wenn es heiß ist (etwa 190 °C), ein Kotelett nach dem anderen in die Pfanne geben und auf jeder Seite etwa 1 Minute lang leicht goldbraun ausbacken.
Auf Küchenkrepp kurz abtropfen lassen, mit etwas Salz bestreuen und mit den Zitronenspalten und evtl. mit einigen Tomatenwürfeln garniert sofort servieren.

WEINEMPFEHLUNG: *Achelo La Braccesca Cortona DOC Syrah*

LAUDEMIO

Stracotto al Pèppoli

Rinderschmorbraten in Pèppoli-Weinsauce

Zutaten für 6 Portionen:

1 kg Rinderschmorbraten am Stück
½ Flasche Pèppoli Chianti Classico DOCG
2 Zwiebeln
3 Karotten
1 Selleriestange
2 Scheiben durchwachsener Bauchspeck
(bzw. fetter Schinken, luftgetrocknet
und nicht geräuchert)
500 g geschälte Tomaten
1 Knoblauchzehe
½ EL Salbeiblätter
½ EL Rosmarinnadeln
1 EL gehacktes Basilikum
1 Lorbeerblatt
4 EL Olivenöl
125 ml Gemüsebrühe
Salz, Pfeffer
Küchengarn

Bauchspeck, Knoblauch, Salbei und Rosmarin klein hacken und vermischen. Das Fleisch mit der Masse spicken (kleine Schnitte anbringen und die Masse hineindrücken), mit Salz und Pfeffer einreiben und mit Küchengarn umwickeln.
Die Zwiebeln grob hacken, Sellerie und Karotten in kleine Stücke schneiden, in einer Kasserolle in Öl anschwitzen, das Fleisch und das Lorbeerblatt dazugeben und das Fleisch scharf anbraten, bis es goldbraun ist. Mit dem Wein ablöschen und einige Minuten einkochen lassen. Die geschälten Tomaten und das Basilikum hinzufügen, die Brühe dazugießen, die Temperatur reduzieren und zugedeckt bei schwacher Hitze schmoren, bis das Fleisch weich ist (etwa 2 Stunden).
Das Fleisch aus der Kasserolle nehmen und die Sauce durch ein Sieb streichen. Den Braten in Scheiben schneiden, die Sauce darübergießen und servieren.

WEINEMPFEHLUNG: *Pèppoli Chianti Classico DOCG*

Trippa

Kutteln

Zutaten für 12 Portionen:

700 g geputzte und gekochte Kutteln
500 g geschälte Tomaten
2 Zwiebeln
¼ l Olivenöl
1 EL Tomatenmark
50 g Butter
100 g geriebener Parmesan
200 ml Fleischbrühe
Salz, Pfeffer

Die fein gehackten Zwiebeln mit etwas Olivenöl in eine Kasserolle geben, anschwitzen, dann das Tomatenmark, die geschälten Tomaten sowie eine Prise Salz und Pfeffer hinzufügen. Einige Minuten köcheln lassen.
Währenddessen die Kutteln in feine Streifen schneiden, blanchieren, anschließend in die Kasserolle geben und ungefähr eine Stunde unter ständigem Zugießen von etwas Brühe kochen lassen. Wenn die Kutteln gar sind, Butter beigeben und mit geriebenem Parmesan servieren.

WEINEMPFEHLUNG: *Marchese Antinori Chianti Classico DOCG Riserva*

Wie der gut gefüllte Brotkorb gehört Wein in der Toskana unbedingt auf den Tisch. Die Auswahl ist groß und es lohnt sich, der Empfehlung des Gastgebers zu vertrauen – er kennt den perfekten flüssigen Begleiter zu jedem Gericht.

Polpettone alle chiantigiana

Hackbraten nach Chianti-Art

Zutaten für 8 Portionen:

3 Scheiben entrindetes Weißbrot
1 Glas plus 1 EL trockener Rotwein
ca. 900 g Rindfleisch von der Keule (in einem Stück)
4 süße Salsicce (*salsicce dolci*, ohne Fenchelsamen) oder ca. 300 g Schweinefleisch (in einem Stück)
2 mittelgroße Knoblauchzehen
4 große Salbeiblätter (frisch oder in Salz eingelegt)
2 Wacholderbeeren
3 Eier
2 EL Olivenöl
250 g dünn geschnittener Prosciutto
etwas Mehl
Salz, frisch gemahlener schwarzer Pfeffer

Für die Sauce:
4 EL Olivenöl
1 große Knoblauchzehe
2 Salbeiblätter (frisch oder in Salz eingelegt)
2 Gläser trockener Rotwein

Das Weißbrot im Rotwein in einer Kasserolle bei mittlerer Hitze auflösen und verrühren, bis sich eine homogene Masse bildet (etwa 5 Minuten). Vom Herd nehmen und etwa 15 Minuten auskühlen lassen. Das Fleisch in etwa 2,5 cm große Würfel schneiden, die Salsicce häuten, dann das Fleisch, die Salsicce, den Knoblauch, den Salbei und die Wacholderbeeren durch den Fleischwolf in eine Ton- oder Glasschüssel drehen (die feinste Lochscheibe verwenden). Die Eier, das Olivenöl und den Esslöffel Wein zugeben und alles gut vermengen, dann das Brot-Wein-Gemisch hinzufügen. Mit Salz und Pfeffer würzen und nochmals vermengen. Die Prosciuttoscheiben überlappend übereinander auf ein Brett legen (wie bei einem Aufschnitt). Den Fleischteig zu einer etwa 30 cm langen und gut 10 cm breiten Rolle formen, diese auf die Prosciuttoscheiben legen und vorsichtig damit umwickeln. Die Rolle mit einem dünnen Küchengarn umwickeln, an den Enden zusammenbinden und dann mit etwas Mehl bestäuben.

Die Fleischrolle mit dem Knoblauch und dem Salbei (im Ganzen) in einer großen Kasserolle rundherum zunächst leicht, dann bei höherer Temperatur goldbraun braten (1 Minute auf jeder Seite). Währenddessen den Backofen auf 190 °C vorheizen, den Braten in eine ausreichend große feuerfeste Form geben, den Wein darübergießen und 45 Minuten garen, dabei zweimal wenden und das Fleisch mit der eigenen Sauce übergießen.

Den Braten aus dem Ofen nehmen, auf einer Servierplatte etwa 5 Minuten zugedeckt ziehen lassen, das Garn lösen und den Braten vorsichtig in gut 1 cm breite Scheiben schneiden.

WEINEMPFEHLUNG: *Marchese Antinori Chianti Classico DOCG Riserva*

Polenta con salsicce

Polenta mit Salsicce

Zutaten für 6 Portionen:

ca. 100 g getrocknete Steinpilze
6 süße Salsicce (Salsicce dolci, ohne Fenchelsamen)
1 rote Zwiebel
5 EL Olivenöl
4 EL Tomatenmark
ca. 500 ml Fleisch- oder Gemüsebrühe
Salz, frisch gemahlener schwarzer Pfeffer

Für die Polenta:
ca. 2 ½ l Wasser
grobkörniges Salz
ca. 450 g grobe Polenta (Maisgrieß)

Die getrockneten Steinpilze ½ Stunde in einer Schüssel mit lauwarmem Wasser einweichen. Währenddessen die Salsicce halbieren, die Zwiebel fein hacken und in einer Kasserolle mit dem Olivenöl goldbraun braten, dabei immer wieder umrühren. Die halbierten Salsicce hinzufügen und 10 Minuten leicht anbraten, dann das Tomatenmark dazugeben und 5 Minuten weiterköcheln lassen. Die aufgeweichten Pilze hinzufügen, mit Salz und Pfeffer würzen.
In einer zweiten Kasserolle die Brühe aufkochen, dann zu den Salsicce gießen. Sehr langsam köcheln lassen, bis der Großteil der Brühe verdunstet ist (etwa 25 Minuten).
Während die Sauce einkocht, die Polenta zubereiten: Salzwasser zum Kochen bringen, die Polenta langsam einrieseln lassen, dabei mit einem Holzlöffel ständig rühren. Wenn die gesamte Polenta im Topf ist, weiterrühren, bis sie sich vom Topfboden löst (dauert etwa 20 Minuten) und etwas ruhen lassen.
Die Würste direkt auf der Polenta anrichten und mit der Salsicce-Sauce übergießen.

WEINEMPFEHLUNG: *Barolo Bussia DOCG Prunotto*

Contorni

Piselli al prosciutto

Geschmorte Erbsen mit Prosciutto

Zutaten für 4 Portionen:

50 g Prosciutto
500 g Erbsen (nach Möglichkeit frisch ausgelöst)
etwas gehackte Petersilie
einige Knoblauchzehen
Olivenöl
nach Belieben 1 TL Zucker
Salz, Pfeffer

Den Prosciutto fein würfeln und in Olivenöl anschwitzen.
Die Erbsen beigeben, dann Salz, Pfeffer, 1 großzügige Prise Petersilie und einige Knoblauchzehen (im Ganzen) hinzufügen (sollten die Erbsen nicht süß genug sein, auch noch 1 Teelöffel Zucker).
Unter ständigem Rühren ¼ Stunde lang garen.

Foglie di salvia fritte

Frittierte Salbeiblätter

Zutaten für 4 Portionen:

32 Salbeiblätter (am besten im Mai/Juni geerntet, die Blätter sind dann tief grün und etwa zwei Finger breit)
200 g Mehl
2 Eier
8 Sardellenfilets (in Öl eingelegt)
1 Prise Salz
Olivenöl

Die Salbeiblätter waschen und trocken tupfen. Mehl, Eier und etwas Salz (nicht viel, weil der Salbei an sich bereits eine salzige Geschmacksnote hat) zu einer eher kompakten Masse verarbeiten. Die Sardellen putzen, entgräten und in fingernagelgroße Stücke schneiden. Die Sardellenstücke zwischen 2 Salbeiblätter legen (quasi ein „Sandwich" formen), in die Masse tauchen und in heißem Öl frittieren.

Fiori fritti

Frittierte Zucchiniblüten

Zutaten für 4 Portionen:

männliche Zucchiniblüten (3–4 pro Person)
Mehl nach Bedarf
Mineralwasser mit Kohlensäre oder Bier
2 Eier
Salz
Olivenöl zum Frittieren
nach Belieben: Vin Santo

Normalerweise werden die männlichen Zucchiniblüten verwendet, weil sie im Gegensatz zu den weiblichen Blüten, die direkt an der Frucht sitzen, einen langen Stiel besitzen.
Die Blüten unmittelbar nach dem Aufgehen ernten, den Stiel mit allen grünen Kelchblättern sowie Stempel und Staubgefäße aus dem Blüteninneren entfernen. Aus Mehl, Mineralwasser (oder Bier), den Eiern und etwas Salz einen homogenen flüssigen Teig zubereiten (er zieht Fäden, wenn man ihn von einem Löffel fließen läßt), die Blüten durchziehen und in Öl frittieren. Wer die Blüten etwas knuspriger haben möchte, kann etwas Vin Santo in den Teig geben.

Je tiefer die Sonne im Sommer steht, umso intensiver wird das Zirpen der Grillen. Und wer lange genug wartet – und das ist bei einem guten Glas Wein eine leichte Übung – kann sich von den Lichtpunkten der Glühwürmchen verzaubern lassen, die hier noch in Schwärmen zu finden sind.

Carciofi ritti

Gefüllte Artischocken

Zutaten für 4 Portionen:

4 große Artischocken
Saft einer Zitrone

Für die Füllung:
2 mittelgroße Knoblauchzehen
10 Stämmchen Petersilie
ca. 115 g Bauchspeck oder fetter Schinken am Stück
Salz, frisch gemahlener Pfeffer

Für die weitere Zubereitung:
1 kleine Knoblauchzehe
10 Stämmchen Petersilie
60 g Bauchspeck oder fetter Schinken am Stück
470 ml Gemüse- oder Fleischbrühe
2 EL Olivenöl
Salz, frisch gemahlener Pfeffer

Die Artischocken ½ Stunde lang mit dem Zitronensaft in einer großen Schüssel mit kaltem Wasser einweichen. Die Artischocken putzen (die äußeren harten Blätter entfernen), die Stiele abschneiden und für die Füllung aufbewahren. Die entstielten Artischocken in das Zitronenwasser zurückgeben und darin ziehen lassen.

Nun die Füllung vorbereiten: Die Knoblauchzehen und die Petersilie grob hacken, den Bauchspeck und die Artischockenstiele klein schneiden, salzen, pfeffern und gut vermengen.

Die Artischocken abgießen, trocken tupfen und mit dem Gemisch in der Schüssel füllen. Dazu die Blätter auseinanderziehen und die Füllung dazwischenschieben.

Für die weitere Zubereitung die kleine Knoblauchzehe zusammen mit der Petersilie fein hacken, den Bauchspeck in kleine Stücke schneiden, alles zusammen mit Olivenöl in eine beschichtete Kasserolle (nach Möglichkeit aus Ton) geben, die Artischocken *ritti* (aufrecht) hineinstellen und bei mittlerer Hitze etwa 5 Minuten darin leicht bräunen.

Die Hälfte der Brühe zugießen und zugedeckt 15–20 Minuten köcheln lassen, dann salzen, pfeffern und die übrige Brühe zugießen. Die Temperatur reduzieren und 20 Minuten oder länger sanft weiterköcheln lassen (die Artischocken sollten zum Schluss zart sein, aber nicht zerfallen).

Die Artischocken vorsichtig auf einen Servierteller legen, etwas Sauce aus der Kasserolle auf jede Artischocke gießen und entweder sofort (heiß) oder kalt servieren.

Fagioli all'uccelletto

Weiße Bohnen mit Salbei und Tomaten

Zutaten für 4 Portionen:

6 große Salbeiblätter, frisch oder eingesalzen
4 große Knoblauchzehen
450 g sehr reife frische Tomaten
900 g gekochte Cannellini-Bohnen
4 EL Olivenöl
Salz, frisch gemahlener Pfeffer

Die ungeschälten Knoblauchzehen (im Ganzen) mit dem Salbei in einer Kasserolle (nach Möglichkeit aus Terrakotta) 4–5 Minuten in Olivenöl anschwitzen. Die Tomaten durch die Passiermaschine (den Einsatz mit den kleinsten Löchern verwenden) in eine Schüssel passieren und dann in die Kasserolle gießen. Mit Salz und Pfeffer abschmecken und etwa 10 Minuten sanft köcheln lassen. Zum Schluss die Bohnen dazugeben, alles gut vermengen und noch 10 Minuten weitergaren lassen.

Cavolfiore fritto

Frittierter Blumenkohl

Zutaten für 4 Portionen:

1 Blumenkohl (Karfiol)
4 Eier
100 g Mehl
1 l Pflanzenöl (Erdnussöl)
Salz
1 Zitronenspalte

Die einzelnen Röschen des Blumenkohls vom Strunk lösen; die kleineren Röschen ganz lassen, die größeren in etwa 2,5 × 5 cm kleine Stücke schneiden. Den Strunk wegwerfen. Die Eier mit einer Prise Salz in einer kleinen Schüssel verquirlen. Die Röschen in ein Sieb geben, das Mehl darüberstreuen und gut schütteln, sodass die Röschen leicht bemehlt sind und das überschüssige Mehl durch das Sieb fällt.
Das Öl in einer Bratpfanne auf etwa 190 °C erhitzen. Die Blumenkohl-Röschen in die Eimasse tunken und frittieren (sie sollen goldbraun werden), mit einem Schaumlöffel aus der Pfanne heben und auf Küchenkrepp abtropfen lassen.
Mit Salz bestreuen und heiß mit Zitronenspalten servieren.

Dolci

Latte alla portoghese

Crème caramel

Zutaten für 6 Portionen:

ca. 1 l kalte Milch
1 Prise Salz
1 kleine Vanillestange
250 g Kristallzucker
2 Eier
6 Eigelb

Die kalte Milch mit dem Salz, der Vanillestange und ca. 55 g (ca. 3 EL plus 1 TL) Zucker in einer Kasserolle erhitzen und nach dem Aufwallen ½ Stunde sehr langsam köcheln lassen, dabei immer wieder die Milchhaut an der Oberfläche abschöpfen.

Die Kasserolle vom Herd nehmen und die Milch 1 Stunde auskühlen lassen.

Währenddessen ca. 170 g (ca. 11 EL plus 1 TL) Zucker in einer kleinen Kasserolle (nach Möglichkeit aus Kupfer) bei schwacher Hitze erwärmen, bis der Zucker zu goldbraunem Sirup zerfließt. Den karamellisierten Zucker sofort in eine feuerfeste rechteckige Form gießen und durch Schwenken der Form gleichmäßig darin verteilen, ca. 40 Minuten auskühlen lassen.

Den Backofen auf 135 °C vorheizen.

Eier, Eigelb und die übrigen 55 g Zucker in einer großen Schüssel verquirlen, bis sich die Eier heller färben, dann die Milch durch ein Haarsieb dazugießen. Alles gut vermengen und in die vorbereitete Backform füllen.

Die Form in den vorgeheizten Backofen stellen und die Creme ca. 1–1¼ Stunden stocken lassen (evtl. auch im Wasserbad, dann 15 Minuten länger im Ofen lassen), anschließend aus dem Ofen nehmen und auskühlen lassen (etwa 1 Stunde).

Mindestens 4 Stunden im Kühlschrank ruhen lassen, dann die gestockte Creme auf einen Servierteller stürzen, in Scheiben schneiden und servieren.

Zuppa della Cantinetta

Biskuitdessert nach Art des Hauses

Zutaten für 20 Portionen:

10 Eigelb
1 kg Mascarpone
400 g Biskotten (Löffelbiskuits)
200 g Kochschokolade
1 Flasche Alchermes
200 g Zucker
½ l Espresso (warm)

Eigelb mit dem Zucker schaumig schlagen, dann den Mascarpone untermengen.
Die Kochschokolade fein hacken. Einen Teil der Biskotten in den Alchermes tauchen und eine rechteckige Form damit auslegen, eine Schicht Mascarpone-Creme daraufstreichen und diese gleichmäßig mit einem Teil der Schokostückchen bestreuen. Für die nächste Schicht die übrigen Biskotten in den Espresso tauchen und auf die Creme legen, dann die Biskotten mit Creme bedecken und mit den restlichen Schokostückchen abschließen.
Mindestens 2 Stunden im Kühlschrank fest werden und durchziehen lassen.

Rosen an den Hauswänden sind ein häufiges Bild in der Toskana. Derart idyllische Plätzchen lassen sich am besten bei ausgedehnten Spaziergängen entdecken – dort lässt sich's gut pausieren und vielleicht kredenzt man Ihnen auch das eine oder andere Glas Wein …

Frittelle di riso

Frittierte Reisbällchen

Zutaten für 4 Portionen:

500 ml Milch
100 g Reis
1 Stückchen Butter
1 EL Zucker
1 Prise Salz
etwas geriebene Zitronenschale
ca. 50 g Mehl
3 Eier
1 EL Rum
Erdnussöl zum Frittieren

Reis in der Milch so lange garen, bis er gänzlich verkocht ist, dabei ein Stückchen Butter, einen gestrichenen Esslöffel Zucker, eine Prise Salz und zur Geschmacksabrundung etwas geriebene Zitronenschale hinzufügen.
Anschließend Rum, Eigelb und Mehl hinzufügen, alles gründlich durchmischen und die Masse zumindest ein paar Stunden ruhen lassen. Unmittelbar vor dem Frittieren das Eiweiß zu Schnee schlagen und vorsichtig unter den Teig heben. Dann mit dem Löffel eher kleine Bällchen formen und in reichlich Öl frittieren (sie sollen darin schwimmen). Auf Küchenkrepp gut abtropfen lassen und heiß servieren.

Pan di ramerino

Rosmarinbrot

Zutaten für 4 Personen:

500 g Mehl
30 g Hefe
1 Zweig Rosmarin
einige Rosmarinnadeln
50 g Zucker
100 g Rosinen
2 Gläser lauwarmes Wasser
1 Ei zum Bestreichen
Olivenöl
Salz

Aus dem Mehl und der mit etwas Salz in lauwarmem Wasser aufgelösten Hefe einen Brotteig zubereiten. Den Teig gut aufgehen lassen (etwa 1 Stunde), anschließend nochmals durchkneten, dabei das zuvor mit dem Rosmarinzweig in der Pfanne erhitzte und so aromatisierte Olivenöl (Zweig entfernen), den Zucker, die Rosinen und einige grob gehackte frische Rosmarinnadeln einarbeiten. Aus dem Teig kleine Brote formen und an einem warmen Ort nochmals aufgehen lassen, dann mit verquirltem Ei bestreichen und kreuzförmig einritzen.
Im Ofen bei 180 °C ca. 30 Minuten backen.

Die steingefassten Brunnen und Becken, wie man sie in den Gärten vieler toskanischer Anwesen findet, werden von Grundwasser gespeist und sind unverzichtbar für die Bewässerung der ausgedehnten Grünanlagen.

Crostata pasquale di fragole

Erdbeer-Ostertorte

Zutaten für 6 Portionen:

250 g Mehl
100 g Zucker
1 Eigelb
140 g kalte Butter
1 Prise Salz
3 EL sehr kaltes Wasser

Für die Füllung:
500 g Erdbeeren
250 g Schlagsahne
etwas Vanillezucker (siehe Glossar)
Hülsenfrüchte zum Blindbacken

Den Backofen auf 200 °C vorheizen.
Das Mehl mit dem Salz und dem Zucker sieben, dann die kalte Butter in kleine Stückchen schneiden, zum Mehl-Gemisch geben und mit den Fingerspitzen untermengen.
Nun das Eigelb und das kalte Wasser dazugeben, alles rasch verkneten, eine Kugel formen und etwa ½ Stunde im Kühlschrank ruhen lassen.
Den Teig ausrollen, eine eingefettete Springform mit etwa 18 cm Durchmesser damit auslegen und blindbacken: Den Teigboden mit trockenen Hülsenfrüchten belegen und bei 200 °C etwa ½ Stunde backen, herausnehmen, abkühlen lassen und die Hülsenfrüchte entfernen.
Die Sahne mit etwas Vanillezucker steif schlagen und gleichmäßig auf dem Teigboden verteilen.
Die Erdbeeren waschen, in Scheiben schneiden und in konzentrischen Kreisen anordnen. Mit frischen Minzeblättern garnieren.

Pesche alla crema di Mascarpone

Pfirsiche mit Mascarpone-Creme

Zutaten für 6 Portionen:

4 schöne gelbe Pfirsiche
300 g Mascarpone
3 Eier
6 EL Zucker
6 EL Cointreau
evtl. Mandelsplitter und Himbeeren zum Garnieren

Die Pfirsiche schälen und in Scheiben schneiden. Die Eier trennen, Eigelb mit dem Zucker schaumig schlagen, dann vorsichtig mit dem Mascarpone und dem Cointreau vermengen. Nun das Eiweiß zu festem Schnee schlagen und sehr vorsichtig unter die Ei-Mascarpone-Masse heben. Die Pfirsichscheiben in Dessertschalen anrichten, die Mascarpone-Creme darübergießen und kühl stellen.
Vor dem Servieren mit Mandelsplittern und Himbeeren oder weiteren Pfirsichspalten garnieren.

Frische Früchte zum Nachtisch sind im Sommer ein Muss. Ob wie hier zu einer feinen Creme verarbeitet oder bunt gemischt als Obstsalat – die Vielfalt des Angebots bietet für jeden Geschmack das Richtige.

Crostata di ricotta

Mürbteiggkuchen mit Ricotta

Zutaten für 1 Kuchen:

Für den Mürbteig:
200 g glattes Mehl (Type 405 und 550)
80 g Kristallzucker
100 g kalte Butter
1 Ei
1 Eigelb

Für die Füllung:
50 g gemischte glasierte kandierte Früchte
50 g Rosinen (ca. 5 EL)
120 ml weißer Rum
50 g geschälte Mandeln
2–3 Stück ungeschälte Mandeln
3 Eier
400 g Ricotta
abgeriebene Schale von 1 kleinen unbehandelten Zitrone
abgeriebene Schale von 1 kleinen unbehandelten Orange
7 EL Kristallzucker
3 EL glattes Mehl (Type 405 und 550)

Den Mürbteig zubereiten: Die kalte Butter in Stückchen schneiden, Mehl aufhäufen, in der Mitte eine Grube formen und die restlichen Zutaten hineingeben. Alles rasch zu einem Teig verkneten, eine Kugel formen, diese mit Klarsichtfolie umwickeln und 30 Minuten im Kühlschrank ruhen lassen.
Währenddessen die Füllung zubereiten: Die glasierten Früchte zerkleinern, diese zusammen mit den Rosinen und dem Rum in einer Schüssel etwa 20–25 Minuten ziehen lassen. Währenddessen alle Mandeln im Mixer fein mahlen.
Ein Ei trennen, das Eiweiß zu den Mandeln geben und gut vermischen.
Den Ricotta in einem Tuch oder Haarsieb abtropfen lassen, dann mit den Eiern und dem Eigelb in einer großen Schüssel gründlich vermengen. Die Orangen- und Zitronenschale zur Ricottamasse geben, die kandierten Früchte und Rosinen abseihen (den Rum wegschütten), mit dem Eiweiß-Mandel-Gemisch und dem Zucker zum Ricotta geben und alles gut vermengen.
Wenn eine homogene Masse entstanden ist, das Mehl unterrühren und beiseitestellen.
Eine Springform mit ca. 23 cm Durchmesser mit Butter einfetten und den Backofen auf 190 °C vorheizen.
Mit einem Rollholz den Mürbteig ca. 1 cm dick ausrollen (evtl. zwischen 2 Lagen Klarsichtfolie, dann zerfällt er nicht) und die Springform damit auslegen (den überschüssigen Teig über den Rand hängen lassen).
Die Füllung gleichmäßig auf dem Teig verteilen. Den überhängenden Teig abschneiden, aus den Resten gut 1 cm breite Streifen formen und rautenförmig auf die Füllung legen.
Im vorgeheizten Backofen bei 190 °C ca. 40 Minuten backen.
Die Crostata etwa ½ Stunde auskühlen lassen und erst dann aus der Springform nehmen. Warm oder kalt servieren.

WEINEMPFEHLUNG: *Muffato della Sala Umbria IGT*

Ciambellone

Kranzkuchen

Zutaten für 1 Kuchen:

500 g Mehl
3 Eier
250 g Zucker
½ Tasse Milch
70 g Butter
1 kleines Glas Likör
nach Belieben Rosinen
1 Packung Backpulver
Semmelbrösel (Paniermehl)

Den Backofen auf 180 °C vorheizen, die Rosinen in Likör einweichen. Die Eier mit dem Zucker in einer Schüssel gut verquirlen, nach und nach Milch, Mehl (mit Backpulver gesiebt), die weiche Butter, den Likör und die Rosinen hinzufügen. Eine Kranzform (oder eine normale Backform mit einer Tasse in der Mitte) mit Öl oder Butter einfetten und mit Semmelbröseln ausstreuen, damit der Teig nicht kleben bleibt. Den Teig in die Form füllen, sofort in den Ofen geben und bei 180 °C ca. 40–45 Minuten backen. Der Kuchen sollte nicht zu heiß werden. Um zu prüfen, ob er gar ist, mit einem Zahnstocher hineinstechen: Wenn kein Teig mehr daran haften bleibt, ist er fertig.

Schiacciata con l'uva

Flacher Traubenkuchen

Zutaten für 6 Portionen:

400 g Mehl
200 ml warmes Wasser
25 g Hefe
200 ml Olivenöl
1 EL Rosmarinnadeln
100 g Zucker
500 g rote Trauben
1 Prise Salz

Den Backofen auf 220 °C vorheizen.
Die Hefe im warmen Wasser auflösen, mit einer Prise Salz zum Mehl geben und alles so lange verkneten, bis ein geschmeidiger, elastischer Teig entsteht.
Den Teig bei Zimmertemperatur gehen lassen, bis er sein Volumen verdoppelt hat.
In einem kleinen Topf das Olivenöl mit dem Rosmarin erhitzen, das Öl durch ein Sieb gießen und abkühlen lassen.
Das Öl (es hat nun eine Rosmarinnote) mit der Hälfte des Zuckers in den Teig mischen. Eine große Springform damit befüllen, die Trauben darauf verteilen, mit dem übrigen Zucker bestreuen und im Backofen bei 220 °C etwa 20 Minuten backen.

WEINEMPFEHLUNG: *Aleatico Maremma Toscana IGT*

In Italien lebt man seit Jahrhunderten von und mit dem Wein. Allein in der Toskana – neben dem Piemont die berühmteste Weinbauregion Italiens – gibt es nahezu 64 000 Hektar Rebfläche. Statt sie zu pressen, lassen sich Trauben natürlich auch zu köstlichen Süßspeisen verarbeiten.

Torta di mele della fattoressa

Rustikaler Apfelkuchen

Zutaten für 6 Portionen:

5 Äpfel
6 EL Mehl
50 g weiche Butter
3 Eier
6 EL Zucker
½ TL geriebene Zitronenschale
1 TL Vanillezucker (siehe Glossar)
1 TL Backpulver
½ TL Zimt
2 EL Vin Santo

Den Backofen auf 200 °C vorheizen.
Die Äpfel schälen, das Kerngehäuse entfernen und das Fruchtfleisch in Spalten und diese wiederum blättrig schneiden.
Die Eier mit dem Zucker schaumig schlagen. Die weiche Butter mit dem Zimt und der geriebenen Zitronenschale zu den verquirlten Eiern geben.
Das Mehl mit dem Backpulver und dem Vanillezucker sieben und zusammen mit dem Vin Santo vorsichtig unterheben. Die Äpfel daruntermischen und in einer eingefetteten Backform bei 200 °C etwa 40 Minuten backen.

WEINEMPFEHLUNG: *Muffato della Sala Umbria IGT*

Castagnaccio

Kastanienkuchen

Zutaten für 1 Torte:

500 g Kastanienmehl
1 Prise Salz
nach Belieben Rosmarinnadeln
1 EL Olivenöl
40 g Rosinen
40 g Pinienkerne
40 g grob zerkleinerte Walnusskerne

Das Kastanienmehl sieben, um Klumpenbildung zu vermeiden, und mit kaltem Wasser, einer Prise Salz und nach Belieben einigen Rosmarinnadeln in eine Schüssel geben und zu einem ziemlich flüssigen Teig verrühren. Das Olivenöl entweder ebenfalls einrühren oder später den Teig in der Backform damit beträufeln.
Eine feuerfeste Form gut einfetten und den Teig hineingießen – er sollte etwa fingerhoch darin stehen; wer es lieber etwas knuspriger hat, nimmt entsprechend weniger Kastanienmehl und macht den Kuchen niedriger. Mit Rosinen, Pinienkernen und Walnusskernen bestreuen und bei 170 °C im Ofen backen. Der *castagnaccio* ist fertig, wenn er zu duften beginnt, sich dunkel-kastanienbraun färbt und die Kruste leicht einreißt.

WEINEMPFEHLUNG: *Vin Santo del Chianti Classico DOC Tenute Marchese Antinori*

Seit mehr als 600 Jahren widmet sich die Familie Antinori dem Weinbau. Erfahrung und Mut zum Experiment haben das Familienunternehmen zu einem der führenden Produzenten für Qualitätswein werden lassen.

Bruciate briache

„Besoffene“ Kastanien

Zutaten für 4 Portionen:

16 Edelkastanien
100 ml Grappa
Zucker

Schöne Kastanien auswählen und die Schale mit einem scharfen kleinen Messer einritzen. Nun in die Pfanne legen (evtl. in eine Kastanienpfanne mit vorgebohrten Löchern und einem langen Stiel, falls über offenem Feuer gekocht wird), immer wieder rütteln. Man kann die Kastanien natürlich auch im Backofen zubereiten. Wenn die Kastanien innen gar sind und die Schale außen leicht angebrannt ist, vom Feuer bzw. aus dem Ofen nehmen und etwa 10 Minuten auskühlen lassen. Die Kastanien schälen und in einem kleinen Suppentopf mit Grappa übergießen. Flambieren und mit etwas Zucker bestreut servieren.

Weinempfehlung: *San Giocondo Vino Novello Toscana IGT*

Ballotte

Gekochte Kastanien

Zutaten für 4 Portionen:

16 Edelkastanien
10 Samen vom Wilden Fenchel
1 Lorbeerblatt
Wasser
Salz

Schöne Kastanien auswählen und mit Wasser, reichlich Salz, Fenchel und/oder Lorbeer (je nach Geschmack) in einem Topf kochen. Wenn es frische Kastanien sind, sollten sie nach ½ Stunde gar sein. Den Topf auf den Tisch stellen, die Kastanien immer einzeln und noch heiß aus dem Topf nehmen, schälen und essen.

Schiacciata alla fiorentina

Kuchen nach Florentiner Art

Zutaten für 1 Kuchen:

150 g Zucker
1 Ei
Saft einer Orange
1 Glas Milch
200 g Mehl
1 Pkt Backpulver
geriebene Schale einer Orange
4 EL Olivenöl
Vanillezucker (siehe Glossar)

Das Mehl mit dem Backpulver sieben. Zucker und Ei schaumig schlagen, Orangenschale und -saft beifügen, dann das Öl und die Milch. Mehl-Backpulver-Gemisch nach und nach einrühren und den Teig in eine viereckige gebutterte Backform füllen. Ca. 20 Minuten bei 180 °C im vorgeheizten Ofen goldbraun backen. Nach dem Herausnehmen abkühlen lassen und mit Vanillezucker bestreuen.

WEINEMPFEHLUNG: *Aleatico Maremma Toscana IGT*

Die Toskana ist nicht nur in der warmen Jahreszeit eine Reise wert. Wer sich im Winter dorthin auf den Weg macht, wird mit kulinarischen Köstlichkeiten belohnt, die nur serviert werden, wenn draußen der Wind um die mächtigen Steingebäude fegt und drinnen das Kaminfeuer prasselt. Auch die Süßspeisen sind saisonabhängig: Der Kuchen mit Orangenaroma etwa ist typisch für die kalte Jahreszeit.

Cantucci col Vin santo

Mandelkekse mit Vin Santo

Zutaten für 6 Portionen:

250 g Mehl
100 g Zucker
½ TL Backpulver
3 Eier
1 TL Vanillin
1 Prise Salz
125 g geschälte Mandeln

Den Backofen auf 200 °C vorheizen.
Das Mehl mit dem Backpulver, dem Zucker, dem Salz und dem Vanillin sieben, eine Mulde hineindrücken und die Eier in die Mulde schlagen. Alles gut zu einem geschmeidigen, elastischen Teig verkneten. Einige Minuten ruhen lassen, dann die Mandeln untermengen.
Nun aus dem Teig 2 Rollen formen, eine feuerfeste Form einfetten, die Teigrollen nebeneinander hineinlegen und etwa ½ Stunde goldgelb backen. Herausnehmen, in ca. 1 cm breite Streifen schneiden, in den Ofen zurückgeben und weitere 10–15 Minuten backen.

BISC

Cenci

Toskanisches Karnevalsgebäck

Zutaten für 1 große Schüssel Cenci:

250 g Mehl
25 g Butter
30 g Zucker
2 Eier
1 EL Schnaps, Rum oder Vin Santo
1 Prise Salz
nach Belieben etwas geriebene Orangenschale
nach Belieben etwas Backpulver
Vanillezucker (siehe Glossar)
Erdnussöl zum Frittieren

Alle Zutaten zu einem eher kompakten Teig verarbeiten – damit er gelingt, muss er wirklich gründlich mit den Händen durchgeknetet werden (wer die *cenci* lieber weicher mag, gibt etwas Backpulver dazu). Mindestens eine Stunde in ein Tuch gewickelt ruhen lassen.
Sollte der Teig zu weich werden, Mehl hinzufügen.
Den Teig etwa millimeterdick ausrollen und mit einem Messer oder einem Teigrädchen in Streifen schneiden – diese verknoten, einschneiden oder unterschiedlich formen – der Fantasie sind keine Grenzen gesetzt! In reichlich Öl frittieren, gut abtropfen und auskühlen lassen und zum Schluss mit Vanillezucker bestäuben.
Die *cenci* (Lumpen, Fetzen) in einer Schale servieren.

Glossar

1 Glas: Maßeinheit, ca. ⅛ l (125 ml)
Alchermes: typisch rot gefärbter italienischer Gewürzlikör
Arborio-Reis: vor allem in der Po-Ebene angebaute Reissorte mit eher runden Körnern, die speziell für Risotto verwendet wird
Ausbeinen: Fleisch vom Knochen trennen (dabei sollten die Muskelstränge möglichst erhalten bleiben, also mit einem scharfen Messer mit sehr dünner Klinge entlang der natürlichen Fleischnähte schneiden)
Borlotti-Bohnen: rotbraun gesprenkelte Bohnensorte mit leicht bittersüßlichem Geschmack, ideal für Suppen und Eintopfgerichte
Bruschetta: geröstete Brotscheibe, mit Knoblauch eingerieben, mit Olivenöl beträufelt und unterschiedlich belegt
Cannellini-Bohnen: Bohnensorte mit kleinen bis mittelgroßen weißen Früchten, eignen sich gut für Salate, Suppen und Eintöpfe
Castelluccio-Linsen: in der Umgebung von Castelluccio auf einer Höhe von ca. 1400 m angebaute braune Berglinsen mit besonders nussigem Aroma, vor allem ideal für kalte Speisen
Cipolla rossa di Tropea: nach dem Ort Tropea in Süditalien benannte leicht süßlich schmeckende rote Zwiebelsorte
Conchiglie: (meeres)schneckenförmige italienische Nudeln
Crostini: fantasievoll belegte überbackene Brotscheiben, siehe auch Bruschetta
Emmer: auch Zweikorn genannt, ist eine Weizenart und eine der ältesten kultivierten Getreidesorten; ist kein Emmer zur Hand, lässt sich die *minestra di farro* auch mit Dinkel zubereiten
Farfalle: schmetterlingsförmige italienische Nudeln
Fettuccine: schmale italienische Bandnudeln
Geschälte Tomaten: Tomaten blanchieren, dann lässt sich die Haut leicht abziehen (oder geschälte Tomaten aus der Dose verwenden)
Griessmehl: Mehl aus Hartweizengrieß, in vielen Supermärkten erhältlich
Kastanienmehl: vermahlene Edelkastanien, meist nur in italienischen Lebensmittel- oder Bioläden erhältlich
Kichererbsenmehl: wird aus gemahlenen gerösteten Kichererbsen hergestellt, in Bioläden erhältlich
Lumaconi: schneckenförmige italienische Nudeln
Mezze maniche (rigate): kurze italienische Röhrennudeln
Pantelleria-Linsen: auf der Insel Pantelleria (südwestlich von Sizilien) angebaute braune Linsen mit ausgeprägt herbem Aroma
Pappardelle: breite italienische Eierbandnudeln
Pecorino fresco: junger Pecorino mit mildem, fein säuerlichem Geschmack, in ganz frischem Zustand ist er weiß und hat krümelige Konsistenz
Pecorino: italienischer Käse aus Schafmilch
Peperoncini: italienische Bezeichnung für Chilischoten, gibt es in unterschiedlichen Formen und Schärfegraden
Polenta: Maisgrieß
Prosciutto crudo: luftgetrockneter Rohschinken aus Italien
Provola: auch Provolone, italienischer Hartkäse
Radicchio rosso di Treviso: edle Radicchio-Sorte mit fein herber Geschmacksnote, inzwischen bei ausgesuchten (Bio-)Gemüsehändlern erhältlich
Risottoreis: italienischer Rundkornreis aus der Po-Ebene, siehe auch Arborio
Salame toscano: sehr aromatische grobe Salami aus der Toscana
Salsicce dolci: milde italienische Bratwürste
Salsiccia: italienische Bratwurst
Scamorza: birnenförmiger italienischer Käse; bei der Herstellung wird der Käsebruch überbrüht, zu einem geschmeidigen Käse-Teig verarbeitet, geformt und in Salzlake gelegt
Schwarzkohl: extrem dunkelgrünes, typisch toskanisches Blattgemüse, wird lose (also nicht in Köpfen) verkauft; durch Grünkohl oder Wirsing ersetzbar, aber mittlerweile bei ausgesuchten (Bio-)Gemüsehändlern erhältlich
Spaghettini: dünne Spaghettisorte
Stracchino: norditalienischer Edelschimmelkäse aus Kuhmilch
Tortelli: gefüllte Täschchen aus Nudelteig, können verschiedene Formen haben
Vanillezucker: mit Vanille aromatisierter Staubzucker/Puderzucker
Wilder Fenchel: auch Bitterfenchel oder Gewöhnlicher Fenchel genannt, enthält mehr ätherisches Öl als der Gewürzfenchel, kann aber durch diesen ersetzt werden

Rezeptverzeichnis

CANTINETTA ANTINORI
FIRENZE · ZURIGO · VIENNA · MOSCA

Die Adressen

Die Cantinetta Antinori in Florenz

Die erste Cantinetta öffnete 1957 ihr Pforten – im Palazzo Antinori, einem der schönsten Beispiele Florentiner Architektur der zweiten Hälfte des 15. Jahrhunderts.

Piazza Antinori 3
50123 – Florenz
+39 (0) 55 292 234
firenze@cantinetta-antinori.com

Die Cantinetta Antinori in Zürich

1994 wurde die erste Cantinetta außerhalb Italiens in der Schweiz, in Zürich, eröffnet. Sie war eine Idee von Piero Antinori und Rudi Bindellas, dem Besitzer des gleichnamigen Wein- und Gastronomieunternehmens, das seit 1955 die Weine der Antinoris in der Schweiz vertreibt. Das Restaurant befindet sich mitten in der historischen Altstadt, in einer Seitengasse der berühmten Züricher Bahnhofstraße und nahe dem Züricher See.

Augustinergasse 25
8001 Zürich
+41 (0) 44 211 72 10
zurigo@cantinetta-antinori.com

Die Cantinetta Antinori in Wien

An den Erfolg der Cantinetta in Zürich anknüpfend wurde 1995 die Cantinetta Antinori in Wien eröffnet. Diese befindet sich in einem historischen Gebäude direkt im Zentrum, unweit des Stephansdoms, dem Wahrzeichen von Wien. Das Restaurant ist mit wertvollen italienischen Fresken geschmückt, zur Einrichtung gehören Marmorstatuen und Spiegel aus der Renaissance-Epoche.

Jasomirgottstraße 3–5
1010 Wien
+43 (0) 1 533 77 22
vienna@cantinetta-antinori.com

Die Cantinetta Antinori in Moskau

2004 wagten die Antinoris den Sprung nach Russland. Die Cantinetta Antinori öffnete in Moskau ihre Tore und gehört mittlerweile zu einem der wichtigsten Lokale der russischen Hauptstadt. Das Restaurant befindet sich im Zentrum Moskaus, in einem historischen Palast aus dem 19. Jahrhundert.

20 Denezhny Pereulok
Moskau
+7 (499) 241 37 71
mosca@cantinetta-antinori.com